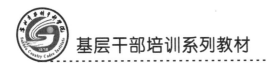

基层干部培训系列教材

吴文化与苏州文化产业发展的实践和探索

主　编　张　伟
副主编　朱蓉蓉

苏州大学出版社
Soochow University Press

基层干部培训系列教材
编写委员会

主　任　张　伟
副主任　费春元　汤艳红
委　员　金伟栋　蔡俊伦　叶　剑　何　兵
本书编写人员　（按姓氏笔画排序）
　　　　卢　琳　朱蓉蓉　杨　菁　周　琴
　　　　赵利芳

序

我有幸拜读了《吴文化与苏州文化产业发展的实践和探索》。这本书写的是吴文化,而吴文化正是我国传统文化的一个代表,也是我国优秀民族文化的一个缩影,更是人类多元文化发展的一个标识;这本书写的是吴文化与苏州文化产业,但字里行间渗透的是吴文化传承与创新的种种载体,反映的是苏州人丰富多彩的现实生活,体现的是勤劳智慧的苏州人在经济社会发展中的实践创造。

吴文化是历史的,是现实的,也是未来的。苏州地处长江三角洲地区,是历史形成的吴文化中心,更是当代中国经济文化快速发展的区域板块。历史地看,吴文化作为产生于远古时期的"先吴文化",是苏州历史文化的源头活水。即是说,吴文化作为一种别具一格的地域文化,孕育了苏州的历史,承载着苏州生生不息的社会文明变迁。现实地看,一方土地养育一方人,源远流长的吴文化滋润着苏州这方水土,使苏州的老百姓过得如此安逸、笃实,又如此包容、洒脱。从未来看,吴文化是苏州的根,是苏州人的命脉,它需要代代相传,也能够代代相传。

吴文化是物质的,是精神的,也是社会的。说吴文化是物质的,是因为它看得见、摸得着,无论是丝绸、苏绣、园林、工艺品等传统物质文化形态,还是动漫创意、软件设计等新型物质文化,都是苏州经济社会发展的重要载体,并日益成为苏州文化产业发展的新的增长点;说吴文化是精神的,是因为它不仅包括评弹、昆曲、书画等精神文化形态,还蕴含着开放包容、开拓创新、求真务实的文化精神,并随着时代变化而与时俱进;说吴文化是社会的,是因为它看得见的是物质,看不见的是精神,而作为苏州历史文化遗产的吴文化具有广泛的社会影响力,更有深层的社会辐射性和穿透力,占领着苏州经济文化产业发展的制高点。

吴文化是有形的，是无形的，也是综合的。有形的吴文化经过历史的积淀形成了各种具体的文化形态，见之于得天独厚的水文化、精巧雅致的船桥文化、义利兼顾的工商文化、尚文重教的育人文化；无形的吴文化是流淌在苏州人的血脉中，创新、开拓、包容、务实已成为苏州人生存与发展的文化基因和价值符号；综合的吴文化则强调，它是集多种成分、多种元素、多种结构的文化复合体，不仅包含诗词曲赋、吴侬软语这种有形文化，还传承尚武崇德、开拓创新这种无形文化，更成为平衡新与旧、重点与一般、保护与开发、内涵与形式的四大关系的具有全新面貌的吴文化。

吴文化是苏州的，是中国的，也是世界的。说它是苏州的，是说吴文化是一种地域文化，生长着惟妙惟肖的吴地戏曲、名家辈出的吴门画派、炉火纯青的吴地工艺、独树一帜的吴地建筑、别具一格的吴地民俗；说它是中国的，是说吴文化不是一般的地域文化，而是中国民族传统文化的一个重要分支。吴文化不同于北方文化的大气，但独树一帜，以其细小、缜密、灵动而著称于世；说它是世界的，是说吴文化所具有的超越性，就在于其独特性。越是民族的，越是世界的。吴文化生长在中国的东部，它造就了苏州享有"东方威尼斯""园林之城""丝绸之府""东方水城"的美称，享有"中国戏曲之母"美誉的昆曲被联合国教科文组织列为"人类口述和非物质遗产"代表作；联合国教科文组织发布了正式公告，苏州获准加入联合国教科文组织创意城市网络，成为手工艺与民间艺术之都。这些丰硕的成果表明吴文化已经承载着苏州的文化产业走向全国、享誉海外。

可以说，吴文化非常有特色，非常有灵气，非常有魅力！

更可以说，吴文化是苏州人民的骄傲，是中国民族传统文化的瑰宝，是世界文化发展史上的奇葩！

《吴文化与苏州文化产业发展的实践和探索》一书，系统地阐述了吴文化的前世今生，探讨了吴文化与苏州文化产业发展的内在联系，主题明确，立意深刻，内容丰富，结构完整，资料翔实，论证严谨，说理透彻，时代性强。总览全书，本书有以下四大特色：

特色一：集思想与价值为一身。

大凡好的作品，一定要有思想。思想具有先导性、引领性。本书撰写了吴文化的起源，介绍了吴文化的发展，凝练了吴文化的精髓，彰显了吴文化的魅力。发展无止境,创新无尽头。越是好的作品,越具有根基性与超越性的价值。苏州文化产业作为一种精神性、娱乐性、消费性的地方文化产品的生产、流通、消费活动,展示着吴文化的无穷魅力,就在于吴文化的思想凝练和价值凝聚,就在于苏州人民的智慧与创造,推动"苏州制造"向"苏州智造"的转型。在充分挖掘苏州丰厚的吴文化资源,打造独特优势的苏州文化产业的同时,也使吴文化与时俱进,焕发了青春,永葆了生机和活力。

特色二:熔文化与经济为一炉。

苏州文化产业,写的是文化,但又不是一般的文化,它看是文化,反映的则是经济,可以说它本质上就是经济,是文化产业业态更加丰厚的经济。如今的苏州,文化产业的概念已远不止某种古老的艺术作品。苏州的"创意资本"作为一种新型的文化现象和资本形式,俨然成为推动苏州经济发展的重要资本要素。同样,苏州文化产业,写的是经济,体现的是文化,它骨子里就是文化,是具有很强包容性、创新性、渗透性等精神属性的文化。当今世界离开文化的经济是没有出路的,有了文化的经济才是具有真价实货的经济。从苏州文化产业发展看,苏州这座有着2500多年历史文化名城蕴藏着大量有价值的文化遗产,小到一个精致的服饰摆件和一幅精美的刺绣作品,大到一群辉煌的园林建筑和一批独具匠心的工艺文化,在不同历史阶段以不同形式呈现在世人面前。本书特别强调,苏州的文化产业是制造和营销文化产品、文化服务的活动,具有市场经济发展的一般属性,亟须政府主导的文化产业担保基金、文化产业发展专项扶持资金和文化产业投资引导基金等苏州文化产业发展资金的大力扶持和有力支持。

特色三:寓理论与实践与为一体。

本书将吴文化与苏州文化产业相结合,吴文化是基础,是灵魂;苏州文化产业是主角,文化创意产业成主流。从理论角度看,本书既有经验介绍,又有问题剖析,更有对策思考,立足于吴文化的发展,对苏州文化产业作了具体而详细的介绍,探讨了苏州文化产业发展如何将深厚的吴文化底蕴注入文化产业运营之中,进而彰显苏州文化产业的鲜明特色,提升苏州文化产业的核心竞争力。从实践角度看,本书运用苏州文化产业发展的15个案例,展示鲜活的经验,呈现深邃的启示,将苏州传统的文化资源与现代文化产业发展有机结合起来,使得吴文化精神更好地渗入文化产业发展的每一个过程、每一个环节,实现吴文化与苏州文化产业的开放对接、和谐共生。这既有理论深度,又有实践创意,非常难能可贵。

特色四:定文化与生活为一尊。

苏州的文化资源得天独厚,尤其是吴文化底蕴丰盈,博大精深。文化的魅力就在于生活,离开了生活,也就没有文化。苏州是国务院首批公布的历史文化名城,也是我国沿海经济发达地区之一,苏州的文化产业始终浸润着吴文化的精华。本书将吴文化的厚重历史通过具体的文化载体表现为苏州文化产业的发展,依次介绍了吴文化与丝绸文化产业、饮食文化产业、旅游文化产业、书画工艺文化产业、文化创意产业,这些文化产业虽不是苏州文化产业的全部,却是苏州文化产业的支柱,是苏州吴文化与百姓生活相辅相成的浓缩版。越是贴近百姓生活的文化品牌和创意设计,越能得到百姓的青睐,越能获得蓬勃的发展。在经济全球化时代,在依托吴文化深厚历史底蕴的基础上,苏州文化产业发展需要将文化与生活有机融合,不断推向新的高度。本书强调,积极推进苏州文化产业的国际化进程,是苏州文化发展战略的一个关键环节,也是苏州文化产业发展的必由之路。苏州文化产业发展需要有大视野、大手笔、大市场,努力提升文化产品的国际竞争力和世界知名度。

吴文化需要传承,吴文化更需要创新。文化是一个民族的精神和灵魂,是一个国家软实力的体现,它不仅可以深刻地影响一个地区乃至一个国家的经济发展进程,而且能够改变一个民族的前途与命运。吴文化能够从历史走向现实,苏州文化产业也定能从中国走向世界,在发展中不断创造新的辉煌。这不仅是吴文化后人的承诺,更是吴文化后人沉甸甸的责任。

是为序。

姜建成

2016 年五一节于

苏州大学独墅湖校园

(姜建成,原苏州大学马克思主义学院院长、博士生导师)

目 录

第一章　吴文化概述 …………………………………………………… 1

第二章　苏州文化产业发展概述 ……………………………………… 30

第三章　吴文化与苏州文化产业和谐共生 …………………………… 41

第四章　吴文化与丝绸文化产业 ……………………………………… 53

  概述 ……………………………………………………………… 53

  案例一　"绸都"盛泽的新"丝"路 ………………………… 59

  案例二　"丝绸之市"震泽的特色产业 ……………………… 65

  案例三　苏州丝绸文化博物馆的"丝绸之路" ……………… 71

第五章　吴文化与饮食文化产业 ……………………………………… 77

  概述 ……………………………………………………………… 77

  案例一　风光旖旎阳澄湖的"大闸蟹"特色产业 …………… 84

  案例二　山明水秀洞庭山的"碧螺春"茶特色产业 ………… 92

  案例三　观前老字号"采芝斋"的苏式糕点特色产业 ……… 99

第六章　吴文化与旅游文化产业 ……………………………………… 105

  概述 ……………………………………………………………… 100

  案例一　周庄:走文化创意产业之路,打造中国第一水乡 …… 105

  案例二　苏州园林:苏州的名片,世界的园林 ……………… 114

案例三　苏州吴中太湖旅游区:跨步迈进"后5A"时代 …………… 120

第七章　吴文化与书画工艺文化产业 …………………………… 128

　　概述 ……………………………………………………………… 123

　　案例一　桃花坞木刻年画:换模式,育人才,传承传统手工艺 …… 131

　　案例二　"锦绣之乡"镇湖的刺绣文化产业 ……………………… 139

　　案例三　玉雕:重塑"苏作"玉雕,打造苏州玉雕产业新高地 …… 145

第八章　吴文化与文化创意产业 …………………………………… 151

　　概述 ……………………………………………………………… 151

　　案例一　虎丘婚纱城:打造婚庆产业新标杆 …………………… 156

　　案例二　苏州国家动画产业基地:动漫产业发展热土 ………… 162

　　案例三　阳澄湖数字文化创意产业园:崛起数字文化产业新高地 … 169

后记 …………………………………………………………………… 175

第一章 吴文化概述

第一节 吴文化的起源与发展

一、吴文化的起源

吴文化,即吴地区域文化,泛指吴地自有人类至今的各种物质的、精神的文化创造。① 苏州历史文化的源头可以追溯到一万多年前的旧石器时代,在此之后,又历经了新石器时代。这些文化产生于远古时期,故称其为"先吴文化",吴文化的历史由此展开。后来,随着太伯奔吴,当时中原地区的先进文化得以进入吴地,吴文化由此奠立。

（一）吴文化起源地

1. 三山岛旧石器文化

1985年,考古工作者在当时的吴县三山岛发现了哺乳动物化石和打制石器,这一发现填补了我国旧石器时代遗址分布上的空白,同时,把太湖地区的人类历史从新石器时代向前推至旧石器时代。三山岛文化遗址的发现,揭开了太湖地区一万年以前的面貌。

三山岛位于苏州市西南约50公里处,是太湖中的一个小岛,由大山、行山、小姑山相连而成,隶属江苏省原吴县东山乡(今苏州市吴中区东山镇)三山村。石器的出土地点在岛西北端清风岭下一个溶洞前的湖滩上,发掘面积36平方米,出土石制品计5200余件。从出土石器分析,石制品的原材料主要为燧石、石髓、玛瑙等,种类包括加工成型的石器工具与生产坯件的石核、石片以及丢弃的废片,其中石器工具又可分为刮削器、尖状器、锥、钻、雕刻器、砍砸器

---

① 许伯明.吴文化概观[M].南京师范大学出版社,1997:1.

等。这些石器的主要特点是体积小,砍砸器数量少、重量轻,从刃缘部分看,它们不适于砍斫树木或挖掘块根,而更像是一种敲砸工具或加工其他工具的锤子。在工具组合中,刮削器数量多、品种全,其中复刃刮削器占多数,属于可割、可切、可刮、可削的多用途工具;凹刃刮削器很有特色,适于加工木质和骨角质器物,是加工鱼叉和鱼钩的理想工具;端刃刮削器、盘状刮削器和似拇指盖状刮削器被认为是加工兽皮的工具。尖状器数量少,但较为精致,可能是对刮削器功能的一种补充,起剔挖和穿刺等作用。锥、钻的存在表明,当时可能普遍用兽皮制作衣服和制作穿孔的装饰品。从石器工具组合的整体判断,这一文化反映了一种以渔猎为主、采集为辅的经济形式。在渔猎经济中,似乎又以捕捞为主,狩猎为辅。[①]

三山岛除了是一个石器制造场外,还是三山石文化先民临时的或季节性的居住地。他们在气候适宜和食物丰富的季节来此作短期居留,制成一批工具后再携往他处。(在岛上的大山、小姑山的裂隙中,考古学家发现了三山岛哺乳动物化石),计6个目20种左右,主要有棕熊、西藏黑熊、鬣狗、虎、狼、鹿、牛、犀、猕猴、豪猪、獾等大型食肉动物和食草动物。

三山岛临近地区的旧石器遗存很少,其先民与其他地区先民的联系无从得知。三山旧石器文化是迄今所知苏州历史文化的最早源头,是吴地最早的原始文化之一。

2. 马家浜文化

马家浜文化因在浙江嘉兴马家浜最早发现典型遗址而得名。它基本分布于太湖流域周围,向南至钱塘江北岸,向西至常州一带。马家浜文化还可以分为南北两个类型,罗家角和草鞋山分别是其代表。草鞋山是马家浜文化的主体。草鞋山遗址位于阳澄湖南岸、苏州市工业园区唯亭镇东北约两公里处。

在马家浜文化时期,草鞋山的居民已经过上了定居的生活。考古学家发现他们的房屋是地面建筑,以木为柱,柱洞底部垫放木板作柱础,在木桩周围有印有芦苇痕迹的烧土块、草绳及用草绳捆扎的草束、芦席、篾席。这些遗迹说明当时居民已经直接在地面上建造房屋。房屋是木架结构,在柱洞的木桩下衬垫一两块木板,以芦苇为筋涂泥成墙,再用芦苇、草束盖顶。

草鞋山的早期居民已经开始从事原始农业生产。1992年至1995年,中日

---

① 苏州文化概论——吴文化在苏州的传承和发展[EB/OL], http://www.2500sz.com/site/10/06/whgl/1.htm.

联合考古队在草鞋山遗址发掘了马家浜文化时期的稻田遗址,在发掘的1400平方米面积中,发现了一至十多平方米不等、多数为三至五平方米的呈椭圆或长方圆角形的小块水田,以及多组由水口、水沟与水井、水塘等相连接构成的水田灌溉系统。这片水稻田是我国发现的最古老的人工开垦的农田遗迹。而且在马家浜文化层中还发现了含炭化稻谷粒的土块,经鉴定,除籼稻外还有人工栽培的粳稻,这是我国迄今发现的最早的人工栽培水稻之一。①

马家浜先民也用釜做饭。他们所用的釜腰间有一圈翘起的沿,因此得名腰沿釜。随着时代的发展,腰沿釜逐渐被鼎所取代。马家浜的石器数量多,而且器形趋于定型,磨制精细。马家浜的陶器以红陶为主,用泥条盘筑法制造,由于使用了陶垫陶拍等工具,陶器制造得比较规整。

3. 崧泽文化

随着生产经验的逐步积累、生产工具的改进和生产技术的不断提高,崧泽文化时期的农业生产比马家浜文化时期有了明显的发展。这一时期,生产工具虽仍以石器为主,但种类增加了,且大多磨制精致,薄而规整,普遍采用穿孔技术,制作技术有了明显提高。大型厚重的磨光穿孔石斧提高了人们垦辟土地的能力。

崧泽文化的制陶技术也有了显著的进步。陶器的制作普遍采用慢轮修整,有些已经采用轮制技术。陶器的造型丰富多彩,器物的纹饰趋于复杂,其中陶豆的造型尤其丰富,几乎找不出一模一样的来。

与马家浜文化时期相比,崧泽文化时期的墓葬出现了新的变化:一是墓葬中大多附有随葬品,且随葬品多寡不一的现象很普遍。二是发现了两座男女合葬墓,按男左女右排列,其中一座墓中,男子仰身直肢,女子侧身面向男子。在两座墓中,女性一边的随葬品都多于男性一边。这些风俗习惯的变化透露出当时的氏族内部结构发生了变化,但由于迄今为止还未发掘过崧泽文化的居住遗址,因此还无法对崧泽文化的社会结构进行深入分析。

4. 良渚文化

良渚文化因最早发现地浙江杭州余杭县良渚镇而得名。这一时期的农业生产得到了飞速的发展。良渚文化时期的制陶技术比崧泽文化时期也有了明显进步。良渚文化先民由于掌握了控制窑内温度和烟熏渗碳的方法,已经能

---

① 苏州文化概论——吴文化在苏州的传承和发展[EB/OL],http://www.2500sz.com/site/10/06/whgl/1.htm.

够烧制表面打磨光亮、呈漆黑色金属光泽的黑皮陶。此时的瓷器制造普遍采用轮制,造型规整,出现了许多大型的玉琮、玉璧、玉钺等礼器,这成为这一时期的显著特色。良渚文化时期的玉器制作已掌握了切割、磨制、抛光、雕镂等工艺技术,达到了很高的水平。

良渚文化的石器制造也非常发达,不但数量多,种类复杂,而且制作精致,棱脊分明。石器穿孔技术发达,特别是三角形石犁形器的大量出土,说明当时已经出现了较为普遍的犁耕农业,大大提高了生产效率。

良渚文化遗址中出土了不少竹、草编织物和丝、麻织品,说明手工业开始从农业中分离出来,成为独立的生产部门。

(二) 吴文化的奠立

据《史记·吴太伯世家》记载,公元前 11 世纪,周太王古公亶父有三个儿子,大儿子太伯,二儿子仲雍,三儿子季历。由于季历贤能,周太王欲传位于他。大儿子和二儿子知道父王的意图后,便借故跑到当时被称为"荆蛮"之地的江南,而且还学着荆蛮的样子文身断发,以此表明他们不想再回中原的决心,让季历顺利接位。

太伯、仲雍来到江南后,不仅依从土俗,断发文身,而且还向江南土著居民传授了北方先进的生产技术,领导人民努力生产,使"数年之间,民人殷富"(《吴越春秋·吴太伯传》)。或许因为他们拥有较土著居民先进的文化,所以受到了土著居民的拥戴,被立为君长,建国号为"勾吴"。等到周武王灭了商朝以后,他派人来此,寻访太伯、仲雍的后代,这时仲雍的曾孙周章已经成为吴人的领袖了,因此,周武王封他为吴国的国君。周康王执政以后,又对周章的儿子熊遂进行了改封。

太伯奔吴建立古吴国具有极其重大的意义,来自中原的周文化和江南本地古越文化融合,成为具有全新面貌的吴文化。吴文化的形成打破了江南原先的封闭状态,开启了江南土著接纳异质文化之先河,造就了中原文化与江南文化划时代的互动,从此太湖地区的历史进入了一个新的时代。①

(三) 吴文化的地域界定

文化区域一般通过综合该地区的文化因素,研究该区域的历史演变、生态自然、行政区划、经济发展、人文景观与社会文化活动等方面来确定。吴文化

---

① 王立人.吴文化纵论[M].凤凰出版社,2011:37.

即吴地区域文化。但文化的影响力是有层次的,从中心向外辐射,由深及浅,又往往超出该地域范围。

太伯奔吴,定居梅里,开创勾吴文化。梅里有多大?清《太伯梅里志》有幅梅里全图,大约北至胶山,南界长洲,东为漕湖,西及运河,西北到梨花庄,而梅村居其中。这是太伯奔吴立足之地,是吴文化最早的发祥地。

时至寿梦,连续攻楚,不断获胜,"蛮夷属于楚者,吴尽取之,是以始大"(《左传·成公七年》)。寿梦之后,诸樊、余祭、余昧相继为王,继续奉行联晋攻楚政策。至阖闾,"西破强楚,北威齐晋,南服越人"(《史记·伍子胥传》),已成霸国,疆域进一步扩大。"特别是夫差伐齐,取得艾陵之战的胜利后,吴国呈鼎盛之势,其疆域已达今浙江之北部,江苏全境,安徽大部,江西的绝大部分与山东、河南的一部分。"①

《汉书·地理志》卷二十八云:"吴地,斗分野也。今之会稽、九江、丹阳、豫章、庐江、广陵、六安、临淮郡,尽吴分也。"《博物志》卷一云:"吴,左洞庭,右彭蠡,后滨长江,南至豫章,水戒险阻之国也","东越通海,处南北尾间之间。三江流入南海,通东冶,山高海深,险绝之国也"。唐《吴地记》云:"按《史记》及《吴越春秋》,自禹治水以后,分定九州。《禹贡》扬州之域,吴国四至:东亘沧溟,西连荆郢,南括越表,北临大江,盖吴国之本界也。"

近年来,史学界对吴文化区域尚有多种说法,归纳起来主要有:苏南、浙北说,即以太湖流域为核心的宁杭沪三角地带。苏南、浙北、苏北沿江说,即西至南京,东至上海,南至杭嘉湖,北至扬州、靖江、南通、启东一线的长江下游三角洲地带。苏南与苏北沿江说,即以无锡、苏州为中心,包括南京以东,扬州、南通以南,太湖流域以北的广大地区。良渚文化辐射传播区说,即今天的太湖平原。平时习惯所说的其他区,为辐射区、扩散区,与其他文化的交融区。也有的以吴语的分布区来界定吴文化区域。

著名史学家李学勤先生说:"所谓吴地,也就是上述宁、沪、杭、太湖流域一带,位于长江下游要冲,在漫长的历史上从来是形胜之地。"戈春源先生认为:"吴文化是在商周、春秋时期古吴国的基础上产生的,应把古吴国的最基本稳固地区作为它的地域范围","吴国的稳固疆域包括今浙江嘉兴、湖州地区,南京至上海一线的苏南地区与淮河以南的苏中地区……由于历史原因,这一地

---

① 戈春源.吴国疆域补考[J].苏州铁道师范学院学报,2000(3).

区的人民有着共同的经济生活、心理素质与风俗习惯。在古代,其语言也是相同的"。①

从地理环境上看,吴文化区域属于一个典型的水网地带,江河纵横、湖泊密布,水乡特色的地貌决定了以稻作生产为主的经济方式。《周礼·职方典》云:"东南曰扬州……其谷宜稻。"

但是,在以杭嘉湖、宁镇、苏锡常与苏中作为吴文化区域界限的同时,并不排除它有一个重心地区。这个重心就是今苏锡常与镇江、丹徒一带。无锡是太伯奔吴定居点,立国时间最长,建国梅里,苏州是吴国后期的著名都城,常州是季札封地,苏锡常都出土过西周与春秋时期的富有吴国特色的器物;镇江丹徒是宜侯的封地,"宜侯矢簋"的出土更使其闻名于世。因此,这一带应是吴文化的重心。嘉兴、湖州仍应关注。至于上海,近代以来,由于外来文化的影响,已逐步形成具有自己特色的海派文化。但是,近代以前的上海,仍属于勾吴的重要区域。南京已为"六朝文化",扬州成了"淮扬文化",基本脱离了吴地区域,但吴文化的影响仍不可轻视。

二、吴文化的历史沿革

(一) 西周春秋时期

古代梅里地势高爽,太伯在这里建造了一座土城,直到吴王阖闾才正式迁都姑苏。自太伯后,历经19代,至吴王寿梦时,"寿梦立而吴始益大,称王"。寿梦有四子:诸樊、余祭、余眜、季札,其中季札最贤,博学多才,颇得寿梦喜爱。公元547年,吴王余祭封季札于延陵。季札娴习礼乐,长于外交,是当时吴国杰出的人才,他出使中原,考察各国情形,结交良臣名将,表现出很高的文化修养。

吴国传到寿梦的孙子阖闾时,国力已经相当强盛。阖闾,姓姬名光,是吴王僚的堂兄。公子光认为自己作为寿梦的长孙,应该由他继承王位,对于僚即将继承王位感到很不服气,他暗中积聚力量,蓄意要取而代之。他重用由楚国投奔来吴的伍子胥,公元前514年,阖闾为顺应社会经济发展和争霸战争的需要,迁都姑苏。

春秋时期,诸国争霸。经过三年的准备,吴国国力日盛,公元前512年,吴

---

① 戈春源.吴国疆域补考[J].苏州铁道师范学院学报,2000(3).

国争霸拉开了序幕。吴首先把矛头对准楚国,两国之间征战频繁,吴王以孙武为主将,打得楚军一败涂地。在骚扰楚国长达六年之后,第五次吴楚交战,孙武率吴军三万,一鼓作气,大败楚国数十万大军,一直攻入楚都郢,楚昭王出逃。这就是历史上有名的"吴入郢都"战役。后来由于秦兵救援,吴国后院起火,阖闾在占领楚都约十个月后,率兵退回。从公元前510年开始,阖闾为报越偷袭之仇,同时为解除后患,大举攻越,双方各有胜负。公元前496年,越王允常死,其子勾践继位,吴国趁机攻越。越派出死囚组成的敢死队,集体自刎于两军阵前,吴军为之震惊,还未及清醒,已被越打败。阖闾也身负重伤,在回军的路上伤重而死。阖闾的儿子夫差继位,他积极备战,立志要报杀父之仇。过了两年(公元前494年),夫差整顿大队水军,任伍子胥为大将,从太湖出发攻打越国。最终勾践大败,率残余人马逃回会稽山。后来,吴王把勾践夫妇和大夫范蠡三人软禁在阖闾大坟旁边的石洞中,还让勾践等穿着奴仆的破烂衣服,为吴王牵马开道。为重振社稷,勾践忍辱负重,装着十分谦卑恭顺。据说为了取悦吴王,勾践不仅向吴贡纳越米、葛布,还将容颜绝美的越女西施进献给吴王。从此,夫差沉湎于美女酒色之中,疏贤亲佞,对外连年用兵,国力耗尽。三年后,吴国释放勾践回国。

公元前473年,越攻破吴都,围夫差于姑苏山上,夫差穷途末路,欲仿当年勾践,向越王纳贡称臣,勾践听从范蠡劝解加以拒绝。夫差绝望之下伏剑自杀,称雄一时的吴国灭亡。吴国历时700年左右,从寿梦开始强大到夫差亡国,前后112年,如从阖闾算起,则连50年都不到。①

(二)战国秦汉魏晋南北朝时期

秦始皇统一六国,天下设36郡,太湖流域绝大部分属于会稽郡,今湖州的安吉全境与长兴的一部分属于鄣郡。会稽郡包括原吴越的广大地区,首邑吴县(今苏州)。鄣郡即今长兴西南故鄣城。秦在两郡下设县,如今嘉兴,秦时被命名为长水县,秦始皇因这里有"天子气","乃令囚徒掘污其地",改称囚拳,后名由拳。西汉时承袭秦制,仍设会稽郡,鄣郡改称丹阳。会稽郡下辖26县,在太湖流域的有吴、娄、毗陵、无锡、阳羡、海盐、由拳、乌程、余杭等县。西汉高帝十二年(公元前195年)在吴地设诸侯王国,以刘濞为王,治所江都(今扬州),占3郡52县,其地北至淮河,南至浙江中部,地域广阔。会稽郡是汉吴国

---

① 许伯明.吴文化概观[M].南京师范大学出版社,1997:20.

的一部分。至汉景帝前元三年(公元前154年),因吴王刘濞谋反"国除,复为郡"。而丹阳郡的安吉与长兴改属江都国。①

魏晋南北朝是秦统一中国后中国社会的第一次大分裂时期。吴地先后处于东吴、东晋、宋、齐、梁、陈的割据偏安政权统治下,政治相对安定,经济稳步发展。东汉末年,在镇压农民起义的混乱局面中,大批地方军阀集团出现,各据一方。孙吴就在这个时候起家于江东。公元195年,孙策占据江东五郡,其后又逐步平定江南,吴地尽为所占。孙策死后,孙权在苏州招延俊秀,聘名士,镇抚江南,积极向南方发展。孙权于公元211年迁都秣陵后,将之改名为建业(今江苏南京)。

自东汉末年至魏晋南北朝,北方战乱频繁,人民和士族大量南迁。北人南迁,为吴地带来了大量劳动力和中原先进的生产技术与文化艺术,大大促进了吴地的开发。

(三) 隋唐宋元时期

公元581年,杨坚废北周建立隋朝(581—618)。公元589年,隋军南下,克建康,灭陈朝,统一了全国。隋初,隋炀帝废郡这一级,改为州、县两级制。589年,废吴郡和晋陵郡,分别改为苏州和常州,苏州、常州之称自此开始。605年,隋炀帝下令开凿大运河,运河的开通,加强了南北交流,大大加速了吴地经济、文化的发展。在由隋至唐的三百多年间,江南一带战祸较少,社会比较安定。唐安史之乱(755—763)后,北方及中原战乱不休,经济、文化遭到严重破坏。北方人口第二次大规模南迁,给吴地带来了大量的劳动力和文化精华,加快了全国经济重心的南迁。苏州号称十万户,为江南大州,府辖七县:吴、嘉兴、昆山、常熟、长洲、海盐、华亭。此时,苏州已成为江南的经济、文化中心。

宋代的地方行政区划基本上分为路、府、县三级。徽宗政和三年(1113),升苏州为平江府,故苏州又有平江城之称。现存的宋代石刻《平江图》距今已有七百多年,为国内现存最早的城市平面图,图上反映出的富庶繁华超过唐代。

北宋末年,金兵南下攻宋,宋室南渡,北方人口第三次大举南迁,使得长江以南人口首次超过了北方,同时标志着吴文化区域经济文化中心地位的确立。

1127年,宋高宗建立南宋(1127—1279),定都临安(今浙江杭州)。面对

---

① 王立人.吴文化纵论[M].凤凰出版社,2011:52

金军进犯,南宋军民进行了坚决的斗争,吴地也留下了遗踪。

元朝(1271—1368)在地方上设行中书省,简称行省,行省下设路、府、州、县。当时全国共设11个行省。吴地属江浙行省。元朝末年,民族矛盾和阶级矛盾尖锐激烈,终于引发了人民的反抗斗争。吴地成为张士诚起义军的活动范围。元至正十六年(1356),张士诚攻克平江,治宫室,改平江府为隆平府,分兵直取常州、无锡、松江等地,建立了大周政权。张士诚开始还有点作为,但不久便安于营建封建小王朝,后来为保全实力,投降元朝,1367年为朱元璋所灭。

(四)明清时期

1368年,朱元璋建立明朝(1368—1644),建都南京(1421年,明成祖朱棣迁都北京)。苏州设府,下辖吴县、长洲、常熟、吴江、昆山、嘉定、崇明七县。明朝中后期,宦官专权,政治黑暗,吴地随着商品经济的发展,市镇工商业繁荣,首先出现了资本主义萌芽。

明中期开始,在商品经济繁荣的吴地,若干生产部门首先出现了资本主义萌芽,但遭到封建势力的多方阻挠和摧残。

清朝初年,吴地为江南省的一部分。1667年(康熙六年),江南省划分为江苏、安徽两省。江苏,取江宁、苏州二府的首字而得名。清朝康熙、乾隆两位皇帝都曾六下江南,南巡吴地。康熙每次南巡都要察访民情,严惩贪官污吏,安抚民心,对江南地区生产的恢复和发展起到了良好的促进作用。

(五)近现代时期

近代以来,随着帝国主义的入侵,民族矛盾、阶级矛盾空前尖锐。1851年,洪秀全在广西金田领导太平天国革命,1853年,太平天国定都天京(今南京)。1860年,太平军占领苏州,忠王李秀成以苏州为省会,建立了太平天国苏福省(1860.6.2—1863.12.4)。后来在与清军对抗过程中,苏州城沦陷。

在1911年爆发的辛亥革命中,吴地也有一番"光复"的经历。

1919年,五四运动在北京爆发的消息传到吴地,苏州、无锡、常州积极响应。五四运动大大激发了吴地人民的反帝反封建的爱国热情,尤其是青年学生,受到爱国思想的洗礼,很多人从此走上了革命的道路。

1921年,中国共产党诞生。吴地各县受到上海影响,成为全国建党较早的地区之一。在中共的领导下,吴地人民进行了长期的抗日斗争,最终迎来了解放。1927年初,国民革命军北伐到达吴地,人民欢欣鼓舞,工农革命运动进入高潮。但蒋介石在上海悍然发动"四一二"反革命政变,吴地笼罩在一片白色恐怖中。1931年,日本制造了"九一八"事变,吴地掀起抗日救亡高潮。1937年,卢沟桥事变爆发,中国进入全面抗战时期。"八一三"事变后,上海沦陷,日本侵略者向苏、锡、常推进,所到之处,烧杀掠抢,给吴地人民带来了深重灾难。1938年,吴地沦陷,从此日本对吴地开始了长达8年的殖民统治。1945年,抗战取得胜利,但蒋介石又发动了反共反人民的内战,吴地人民又进行了3年的艰苦斗争。1949年4月23日,常州、无锡解放,4月27日,苏州解放,吴地终于回到人民的手中。

第二节　吴文化的内涵与特征

文化,是人类社会文明的标志,也是人类社会发展的必然产物。英国人类学家泰勒把文化定义为:"文化或文明,从其最广泛的民族学意义上来说,是作为社会成员的个体所习得的包括知识、信仰、艺术、法律、道德、习俗以及其他一切能力和习惯的复合整体。"吴文化在发展进程中受到吴地特有的自然地理环境、历史背景、人文社会环境等因素的影响,因此深深地烙有吴地的区域特色,从而形成了一种别具一格的地域文化。简而言之,吴文化是指生活在吴地的人们,通过几千年的积累和沉淀,在社会生产实践中所创造的物质文化和精神文化的总和。① 但是,吴文化的区域独特性并不意味着它是与中华民族文化相脱离的,相反,吴文化是我国优秀民族文化的一个重要组成部分。对于吴文化所呈现出的特征我们可以这样理解:"民族文化或区域文化的个性并不意味着某种绝无仅有的属性和特征,而是指某一民族或某一区域的人们能够根据自身所处的自然社会环境,使文化生长的共性中那些具有活力或积极意义的要素得到最佳的组合、最充分的发挥。"② 吴文化形成的过程同样遵循这一规律,即在保留吴文化自身区域特色优势的基础上,不断汲取、兼容其他文化的精髓之处,从而使得吴文化得到不断的完善、提升和发展。因此,经过几千年的历史锤炼,发展至今的吴文化凝聚了许多优秀的品质和传统,大体来说有以下四个基本特征。

---

① 王立人.吴文化纵论[M].凤凰出版社,2011:2.
② 王友三.吴文化史丛[M].江苏人民出版社,1993:23.

一、得天独厚的水文化

水乃万物之源,古今中外许多人类伟大的文明成果都是沿河流孕育而成的,吴文化的发展也与水有着密不可分的联系,所以水文化是吴文化的一个鲜明特征。吴地地处海洋性季风气候区,夏季高温多雨,冬季温和湿润,水资源十分充足,形成了"五湖三江"的水网格局,其中,太湖流域是吴文化形成的核心区域。太湖长约68.5千米,宽度最大达到56千米,容积约为44亿2800万立方米,以太湖为中心的太湖流域总面积约为35272平方千米。目前,太湖周围仍有大小湖荡323个,面积较大的有滆湖和阳澄湖,分别占地147平方千米和119平方千米;面积较小的,如尚湖、蠡湖、石湖、澄湖等,零星散落在太湖周边。太湖以其巨大的蓄水量,为吴地提供了丰富的水资源,加上吴地本身降水量充足,形成了吴地发达的太湖水系。①

除了水资源充沛,吴地还日照充足,气候适宜,这些先天优越的自然地理条件都为吴地稻作为主、耕渔并举的农业生产方式的形成奠定了基础。据考证,吴地是我国稻作生产方式的起源地,其产生可以追溯到新石器时代,在草鞋山遗址处就曾发现过当时已成形的稻田。到了春秋后期,在吴地人民的辛勤耕作、精心培育下,吴地的主粮品种已由原先的水稻为主发展到八个品种之多。吴地人民不仅增加了农作物的品种,而且扩大了种植面积,产量也随之提高,使得吴地成为当时农作物生产的主要区域。三国以后,孙吴政权十分重视农业生产,在吴地推行了屯田制度。这一制度的实施推动了吴地的农业生产由粗放耕作向精耕细作转变,形成了耕、耙、耖、耘、耥、轧等一系列精细的稻作工艺;耕作制度也由一年一季稻,转变为一年两熟的稻麦轮作制。唐宋之后,由于吴地免于战乱的纷扰,生活生产环境相对安逸,因此生产力得到了持续发展,逐渐成为全国的经济重心。明清至今,吴地经济重心的地位未曾动摇过。②

吴地发达的水系不仅催生出了灿烂的稻作文化,还为吴地提供了丰富的水产资源。吴地不仅有多达百种的鱼类(青鱼、鲢鱼、鳊鱼、鲈鱼、鲫鱼等),而且盛产螺、虾、蟹、蚌等水副产品。如今,江南水八仙(菱、荸荠、茭白、莼菜、芡实、水芹、莲藕、茨菇)、太湖三白(银鱼、白虾、白鱼)、长江三鲜(河豚、刀鱼、鲥鱼)、阳澄湖大闸蟹等都已名扬在外,吸引着全国各地的食客前来尝鲜。

---

① 王立人.吴文化纵论[M].凤凰出版社,2011:3.
② 王卫平.吴文化与江南社会研究[M].群言出版社,2005:93-94.

吴地能够拥有丰富的水产资源,成功发展以水稻耕种为主的农业生产方式,主要得益于吴地水利的兴修。吴地"鱼米之乡"、"水乡泽国"的美称不是素来就有的,而是通过世世代代勤劳勇敢的吴地先辈们同洪涝灾害抗争换来的。"天下之利,莫大于水田。水田之美,无过于苏州。"①吴地先辈们早已深谙水利对于农耕的重要性,在稻作文化伊始的新石器时期,吴地人民就在进行水稻耕作的同时,不断推进水利工程的建设。例如,在地势低洼的平原之处,围湖造田,排除潦水,开河筑塘;在地势较高的平原山地之处,修筑堤坝、堰塘等来防止洪涝灾害。其中具有代表性的水利工程有:太伯开通的将太湖、长江相连接的胥溪,夫差修筑的连通江淮的邗沟,隋炀帝疏凿的横穿太湖平原的江南运河等等,不胜枚举。经过几千年的历史演变,最终形成了如今"五里七里一纵浦,七里十里一横塘"的壮观景象。以上种种水利工程的建设,逐渐改善了吴地的农业生产条件,促进了吴地农业经济的发展,使得吴地逐步发展成为农业文化发达的富庶水乡。

二、精巧雅致的船桥文化

粉墙黛瓦,枕河而居,轻舟微晃可以说是江南水乡的显著特征,因此也就孕育出了江南水乡独有的船桥文化。吴地纵横交错的水网系统,使得吴地先辈们选择"以舟代步",早在西周时代,吴地的先辈们就能够建造出长达十余米的独木舟。随着吴地船只需求量的增大,加之造船技术的不断娴熟,吴地船只的种类也不断增多,可谓"处处楼前飘管吹,家家门外泊舟航"。它们大小不一,形态多样,用途各异。古时有划桨船、撑篙船、乌篷船、摇橹船等,近代随着工业技术的进步则有钢板船、水泥船、机动船等。按照船只的不同功能又可分为渔船、货船、客船、战舰、渡船、游船等。吴地的游船观赏性极强,"舟无大小,装饰精工,窗有夹层,间以玻璃,悬设彩灯,争奇竞巧,纷纶五色,新样不同。傍暮施烛,与月辉波光相激射。今灯舫窗棂,竞尚大理府石镶嵌。灯则习用琉璃,设遇风狂,毋虞击碎也"②。如今,彩船巡游作为苏州旅游节开幕式的特色活动,每年都吸引着众多市民前往观赏。

除了舟楫以外,桥梁的建造也为吴地人民解决了出行问题。桥梁早在春秋吴国时期就已出现。随着生产力的发展,建造工艺的成熟,吴地桥梁由原先

---

① 范成大.吴郡志[M].江苏:江苏古籍出版社,1986:19.
② 王宗拭.我说苏州[M].古吴轩出版社,1997:94.

结构单一的木桥逐渐演变为形式多样的石桥,数量也不断攀升。据《吴县志》记载,清末民初之际,苏州及其周边地区的桥梁数量就已达到了1200余座,平均每平方公里有15座[①],"三步一小桥,五步一大桥",其分布密集程度不可小觑,苏州进而也获得了"东方威尼斯"的美誉。此外,吴地每座桥的起名也十分讲究,或与人有关,或与地有关,又或与典故有关,吴地的桥梁史可以说是吴地发展史的一个缩影,蕴含着深厚的文化内涵。如今,一些已有数千年历史的古桥像一个个瑰宝散落在苏城的古镇小巷中,这些保留完整的古桥就如同吴文化发展的活化石,具有十分重要的历史意义。

吴地得天独厚的自然地理条件,加之先辈们的辛勤劳作,进行水稻耕作、水产养殖,使农业生产力不断提升;建造船只,搭建桥梁,开凿运河,使吴地与外界交互往来。以上种种举措都为吴文化的发展提供了坚实的物质基础,也为日后吴地工商业的发展做了铺垫。

三、义利兼顾的工商文化

在长达数千年的农业文明时期,以稻作文化为中心的农耕活动是吴地主要的经济来源。随着时间的推移,吴地的生产力不断提升,养殖业和手工业也日趋规模化,加之商品经济的发展、商品交换范围的扩大、集市的兴盛(布码头、钱市、米市、丝市等),吴地工商文化得到了进一步的发展。清代宫廷画家徐扬的《姑苏繁华图》生动地记录下了当时吴地工商繁荣的景象:自灵岩山起,由木渎镇东行,过横山,渡石湖,历上方山,介狮、何两山间,跨苏州郡城,经盘、胥、阊三门,穿山塘街,至虎丘山止。

到了近代,吴地受到外来资本主义的影响,开始逐渐由农业文明向现代工业文明过渡。在"洋务运动"的社会大背景下,涌现出了大批民族资本家,并且使上海、苏州、无锡、常州等城市一跃成为全国较大的工商业城市。这些实业家摒弃了传统的"重农抑商"思想,大力提倡"实业救国""工商致富"的理念,秉承"敢为天下先"的精神,创办了许多近代化工厂企业。最具代表性的有"洞庭商帮",与著名的"徽州商帮""山西商帮"分庭抗礼,不分伯仲,其原本从事农副土特产品的经营,后来转而投向吴地丝绸、纱布行业;无锡的杨宗濂、杨宗翰兄弟创办了无锡业勤纱厂;陆润庠创办了苏州苏纶纱厂;东山叶明斋创办

---

① 王卫平.吴文化与江南社会研究[M].群言出版社,2005:98.

了龙华制革厂和振华纱厂;无锡的荣宗敬、荣德生兄弟凭借开设的众多面粉厂和纱厂,当之无愧地成为"面粉大王"和"棉纱大王";张謇受两江总督张之洞委派,管理通州商务局,在南通兴办大生纱厂;沈莱舟在上海创办裕民毛线厂,取"恒源百货,源发千祥"之寓意创立了"恒源祥"号,成为上海绒线业的领军者,"恒源祥"至今仍保有很高的品牌知名度;常州的盛宣怀创办了天津电报总局、华盛纺织总厂,接办了汉阳制铁厂等。由此可见,以上海、苏州、无锡、常州为核心地区的吴地,商贾云集,是我国民族工商业的主要发祥地之一。这些近代工商业的兴起,为吴地工商文化的发展、经济腾飞做出了巨大贡献。

有道是"无商不奸",但吴地的工商文化融入了吴地人民温婉内敛、勤劳务实的品质,形成了以德经商、义利兼顾的经营理念。吴地商人以"儒商"居多,他们求利顾义、重商守德的同时,还不忘扶弱济贫、回馈社会。

在清代以及民国时期,无锡因钱庄数量之多曾有"放款码头"之称,这一方面在一定程度上反映出了吴地资本发展的活跃程度,另一方面也体现了吴地良好的诚信状况,因为钱庄的运营对信誉有着十分高的要求。因此,多数钱庄的账本封面上都写有"克存信义"四字,以时刻提醒运营者诚信的重要性;另有著名实业家张謇视诚信为立人、立国之本,他说"道德者,良心而已。良心之生为廉耻,故有为有不为。能有为有不为,故有常。有常,故有信。人可以穷,可以死,不可无良;国可以弱,可以小,不可无信。无良,不人;无信,不国。"[①]张謇的这种信仰,使得他在实业上取得了骄人的成绩。

无锡的荣德生、荣宗敬兄弟堪称诚信经营、乐善好施、热心公益的民族工商业家楷模。荣氏兄弟谨遵"经营事业,信用第一"的原则,从生产原料抓起,对生产过程环环把关,保证产品质量,打响了"兵船牌"面粉的名号,赢得了客户和消费者的信任。荣德生更是将"戒欺"奉为自己的座右铭,时刻提醒自己诚信经营之道。荣氏兄弟在创办实业大获成功以后,便投身于社会公益事业:①兴办学校,发展教育。他们出资创办了八所初级小学,一所高级中学,后又创办了中国纺织染工业专科学校等。②搭桥铺路,发展交通。于1929年成立"千桥会",建成了连接无锡五里湖与太湖的宝届桥即长桥等,共88座桥梁;修筑了自无锡梅园到西门迎龙桥的开原路等百余条道路。③建园造林,美化环境。参与规划建造了太湖名胜鼋头渚、梅园、锦园等,修缮了妙光塔等名胜古

---

① 廖进.江苏人文精神概论[M].凤凰出版社,2009:199.

迹。于1961年在无锡荣巷建立了公益性质的大公图书馆，藏书量逐年增加，达到了十万余册。① 不仅如此，荣氏兄弟还捐款赈灾、扶贫助困、设立奖学金等，种种善举在民间留为佳话，深入人心。

吴地工商实业家们义利兼顾的经商理念，是对吴文化中尚德思想的继承，同时也营造了吴地童叟无欺的经商氛围，促进了吴地良好社会风气的形成，对当下如何在市场经济背景下做到良心经营有很好的借鉴意义。

四、尚文重教的育人文化

所谓"一方水土养一方人"，尚文重教的育人文化潜移默化地改变着吴地人的品性心态、精神气韵等，使吴地人民变得温文尔雅、沉稳大方。吴地乃人杰地灵之宝地，自古人才辈出，大师云集，名家荟萃：唐代吴中四士（包融、贺知章、张旭、张若虚）；明代吴门四士（仇英、沈周、唐寅、文徵明）；清初江左三大家（龚鼎孳、钱谦益、吴伟业）等等。但是吴地并非向来是太平安逸的乐土，早在太伯奔吴、春秋战国以及三国时期，由于当时战乱不断，社会动荡，吴地推崇的是尚武精神。吴国将军孙武编著的《孙子兵法》更是名垂千史，被奉为兵家经典。后因战乱逐渐平息，风调雨顺，经济、文化重心南移，吴地社会环境渐趋稳定，人们过上了丰衣足食的生活，吴地进而由"尚武"转变为"尚文"，形成了"重教"的风气。

唐朝肃宗年间，常州刺史、著名诗人李栖筠创办了吴地最早的府学——常州府学；北宋时期景祐二年（1035），名臣范仲淹兴建郡学，设立了文庙府学，"先天下之忧而忧，后天下之乐而乐"，今苏州中学就是在其创办的文庙府学基础上发展演变而来的；北宋徽宗政和元年（1111），杨时创办了久负盛名的东林书院，随后在万历年间形成了讲学与议政相结合的"东林学派"，"风声、雨声、读书声，声声入耳；家事、国事、天下事，事事关心"，这种经世致用的思想对后世产生了深刻的影响，促进了吴地文化的繁荣与传播；19世纪初，教会大学在吴地的兴办（如美国基督教会创办的东吴大学、法国天主教创办的震旦大学），推动了吴地近代教育的发展，这两所教会大学也成为当今我国的著名学府（苏州大学、复旦大学），培养出了大批杰出的人才。

正是在吴地尚文重教氛围的熏陶下，"苏郡为士之渊薮"，被人们誉为"状

---

① 王立人. 吴文化纵论[M]. 凤凰出版社，2011：247.

元之乡"。据有关数据显示,明代90名状元中,属吴地的有11名;清代114名状元中,属吴地的有37名。明清两朝共有51681名进士,属吴地的有3486人。① 并且,吴地尚文重教的良好风气一直沿袭至今,当前中国科学院和中国工程院两院院士中也不乏吴地人士。他们之中有建筑设计领域大师级别的贝聿铭,"两弹一星"元勋王淦昌、王大珩、杨嘉墀和程开甲,更有诺贝尔物理奖的获得者李政道和朱棣文,这些名家都是吴地的精英,是吴地人民的骄傲。由此可见,吴地由"状元之乡"成为"院士之乡"并非偶然,而是一脉相传的,与吴地秉承尚文重教的育人理念是密不可分的。

在尚文重教的育人文化下,吴地形成的昌盛文化是当今吴地发展无比宝贵的精神财富,而吴地培育出的文人墨客、业界精英等,更是为吴地发展提供了强大的人才储备。

第三节　吴文化的精华

吴文化源远流长,一脉相承,经过历史的积淀形成了各种具体的文化形态,其中不仅包含丝绸、苏绣、园林、工艺品等物质文化形态,还包括评弹、昆曲、书画等精神文化形态。千百年来,吴文化集中表现在文学、教育、艺术、建筑、民俗、宗教等各个层面,尤其在文学、艺术、工艺等领域流派纷呈,名家辈出。如在文学领域有汉魏六朝杰出的文学理论家刘勰,唐宋著名的词人"李后主"李煜,明清的文学巨匠高启、归有光、冯梦龙等;在书画艺术领域有东晋"南朝三大家"之一的顾恺之,明代"江南第一风流才子"唐寅以及"吴中三家"祝允明、文徵明、王宠,清朝心系民族兴亡的书法家顾炎武、归庄等;在篆刻领域有南朝的"山中宰相"陶弘景,唐代的"癫狂草圣"张旭,宋代"超逸绝尘"的米芾等。这些名家名作凝练了吴文化的精髓,彰显了吴文化的魅力,使得吴文化的内涵在历史的长河中不断得到升华。

吴文化底蕴丰厚,博大精深,其具体表现形式也是异彩纷呈,不胜枚举。鉴于本书旨在探索吴文化与苏州文化产业发展的关联,我们在这里就不再面面俱到地列举吴文化全部的表现形式,而是着重选取吴文化丰富的内容中至今依旧活跃的并且对今天苏州文化产业的发展颇具影响的一些文化要素和艺

---

① 范金民.明清江南进士数量、地域分布及其特色分析[J].南京大学学报,1997(2).

术派别加以介绍。

一、惟妙惟肖的吴地戏曲

（一）昆曲——百戏之祖

昆曲又称昆腔，最早称为"昆山腔"，是我国现存最古老的剧种之一。据记载，"昆山腔"在元末明初的时候就流行于昆山一带，相传由昆山戏曲家顾坚始创，距今已有六百多年的历史。到了明朝嘉靖年间（1522—1566），苏州戏曲家魏良辅综合了南、北曲之长，对"昆山腔"加以改造，形成了一种崭新而丰富多彩的声腔体系——水磨腔。同时，他还研究出了一套完整的表演体系，从而创造了一个全新的剧种——昆曲。其后，不少文人墨客争相把昆山腔用于戏剧，其中以魏良辅的学生梁辰鱼的影响最大。他根据昆山腔的艺术特点和音律创作的第一步昆腔传奇《浣纱记》成为昆曲的奠基之作，使昆曲作为一个新剧种登上了戏剧舞台。从此，昆曲进入兴盛的发展期，产生了大批名家名作，影响深远。

昆曲是"歌舞合一""唱做并重"的剧种。"唱、念、做"是昆曲表演的基本形式，此外，音乐的配合、舞台的设计、服装和道具的使用、脸谱的设计等都是昆剧表演的重要手段。在戏曲艺术的发展历程中，昆曲对国粹——京剧的演变产生了重要的影响，昆曲的昆腔品牌、表演技巧、脸谱、服装等也普遍被皮黄戏所吸纳，因此，昆曲被称为"百戏之祖"是当之无愧的。传统的昆曲唱词所用的是苏州方言，苏州话轻软柔和，所谓吴侬软语是也。因此，用苏州话演唱的昆曲自然更加悦耳动听，并打上了浓重的苏州烙印。另外，昆曲的演唱技巧、舞台动作等也精彩绝伦，令人赞叹。

当然，在清朝时期，昆曲曾经历过一段时间的衰落，但经过一些戏曲艺术家们的顽强拯救，它终于艰难地流传了下来，并在近现代重焕生机。2001年5月18日，联合国教科文组织将昆曲列为第一批"人类口头和非物质遗产代表作"，并指出，昆曲是中国最古老和最有影响力的戏曲剧种。同时，苏州政府也高度重视昆曲艺术的保护，对昆曲的抢救、继承、保护和发展做出了很大的努力。昆曲不仅是吴地人民精神的结晶，同时也是整个中华民族的艺术瑰宝。

（二）评弹——最美声音

吴地戏曲的另一颗璀璨明珠就是苏州评弹，台湾著名的国学大师俞大纲先生称其为"中国最美的声音"。苏州评弹实际上分为苏州评话和苏州弹词，现在人们习惯把这两个曲种合起来,简称苏州评弹。因这两个曲种都是用苏州话进行说讲,盛行地区、活动地点、说唱技巧等都很相似,所以又统称为"说书",其中评话称为"大书",弹词称为"小书"。评话又称"平话",只说不唱,演出时只需要一块醒目和一把折扇即可,通常是一个人,称单档,两人合作的双档评话非常少见。弹词则以说、噱、弹、唱为主要的艺术表现手段,有说有唱,说唱相间,演出方式以双档为多。评弹表演一般在书场进行,表演者通常称为"说书人"。因评弹以传统长篇书目为主要说唱内容,因此演出具有连续性,每天说唱一段,表演者经常以"欲知后事如何,明日请早"为结束语来吸引听众继续观看表演。

  评弹起源于宋元时期苏州的民间讲唱,盛行于江苏、浙江、上海一带。明末清初,苏州评话和苏州评弹先后形成,运用苏州方言进行说唱也不是一蹴而就的,而是一个渐进的过程。而后从乾隆到嘉庆、道光年间,评弹逐渐发展,名家辈出,书目繁多,形成了第一个兴盛期。道光以后,咸丰、同治年间,评弹艺术继续发展,咸丰时期的马如飞等人的"后四家"及其传人,在吴地传统文化特色的基础上吸纳了京腔、徽调、地方小调山歌的营养,形成了诸多流派唱腔,为苏州评弹的发展做出了积极的贡献。到了20世纪二三十年代,在众多评弹艺术家的积极努力下,评弹的发展形成了第二个兴盛期。这个时期的评弹主要以上海等大中城市为主要阵地,因听众文化层次较高,提出的要求较高,故评弹的艺术水平也不断提高,响档辈出,流派纷呈。新中国成立以来,评弹演员的社会地位得到提升,苏州评弹又有了新的发展,许多地方陆续建立了评弹团,国家和地方也对评弹艺术的保护做出了积极的努力,"最美声音"——评弹艺术在历史的冲刷下越加悦人耳鼓,熠熠生辉。

二、名家辈出的吴门画派

  除了戏曲大家外,山灵水秀的吴地还孕育了一大批名声显赫的画家,如三国时期的曹不兴,"六朝三杰"顾恺之、陆探微和张僧繇,盛唐时期的张璪,还有"明四家""元四家""清六家""金陵八家"等。同时也产生了很多在中国画坛具有重大影响力的流派,如"吴门画派""松江画派""娄东画派""虞山画派""常州画派"等。其中,以"明四家"为代表的"吴门画派"产生的影响最为深远。

  "吴门画派"崛起于明代中叶,这与当时的社会背景密不可分。明代中叶,苏州地区的手工业得到很大的发展,出现了资本主义的萌芽,苏州也成为全国富商巨贾云集的地区,商品贸易兴盛。物质基础的逐渐夯实导致人们对文化商品的需求大增,这也在一定程度上促进了吴地书画作品交易产业的发展,从而促使吴地绘画艺术实现质的飞跃。

"吴门画派"在山水画上的成就尤为突出,在花鸟画和人物画上亦有建树。它的创始人是沈周、文徵明、唐寅和仇英,他们四人被称为"明四家"。他们崇尚元代画家的意趣,并在此基础上加以改造,形成了自己的独特风格。除了仇英外,其他三人注重在书画作品中将诗、书、画有机结合,使得文人画儒雅高逸的优良传统更臻完美。"吴门画派"的这四位创始人虽然同时崛起,但在绘画风格上却大相径庭,各具特色。沈周是"吴门画派"的鼻祖,擅长简练浑厚、苍劲雄健的粗笔画,代表作有《庐山高图》等,文徵明和唐寅都曾师从于他;文徵明则以细腻清秀的细笔画见长,有人称他为"粗细文",即不论粗细,他都能表现得苍秀婉逸,代表作有《烟江叠峰图》《古木寒泉轴》《万壑争流图》等;唐寅曾师从当时与"明四家"齐名的苏州著名画家周臣,同时又与沈周、文徵明交往密切,吸取了他们绘画技术的精髓,再加上他自己一身的才气,形成笔法灵逸秀雅、严谨清逸的艺术特色,成为"吴门画派"的核心人物,代表作有《骑驴归思图》《山路松声图》《孟蜀宫妓图》等;仇英擅长人物画、花鸟画、山水画等,在青绿山水画和工笔人物画方面尤有建树,画风刚劲严谨而又不失儒雅,代表作有《桃源仙境图》《人物故事图》《临溪水阁图》等。

明代后期,吴地绘画依旧受到"吴门画派"的遗风所影响,对"吴门画派"的继承和发扬成为后来的吴地画家们的追求。之后发展起来的"华亭派""姑苏派""苏淞派""云间派"等派别都是对"吴门画派"的延续和拓展,把吴门画派推向一个高潮。明末清初又在"吴门画派"文人画的统领下演变出了太仓的"娄东派"和常熟的"虞山派"。清末到近现代,苏州的画家们为"吴门画派"的保护和研究做出了不懈的努力,对推进苏州传统书画艺术的发展做出了积极的贡献。

三、炉火纯青的吴地工艺

(一)桃花坞木刻年画

苏州木刻年画的历史始于明代,桃花坞木刻年画因集中在苏州桃花坞一带生产而得名。桃花坞年画的兴起有众多推动因素:明代时期苏州的雕版印刷技术已经较为发达,这为桃花坞年画的发展提供了技术上的支持;明代著名的"吴门画派"名家辈出,画艺精湛,为苏州木刻年画的发展提供了优秀的素材;另外,明清时期苏州商品经济繁荣,人民生活水平和文化层次较高,对文化艺术品的需求较大,为苏州木刻年画的发展提供了良好的市场。这些因素的共同推动作用促进了苏州桃花坞木刻年画的日益兴盛,到了清代雍正、乾隆(1723—1795)年间,桃花坞木刻已成为与天津杨柳青分庭抗礼的全国南北两大年画中心,其作品分布苏、浙、皖、赣、鲁、豫、鄂,乃至东北等广大地区。①

桃花坞木刻年画通过版面设计、木板雕刻,并采用一版一色的木板套印方法印刷而成。它以门画、中堂、屏条为基本形式,以神像、戏文、民间故事和传统风格为主要题材,以构图丰满、色彩鲜明、富于装饰性为艺术特色,与天津杨柳青、山东潍坊木刻年画齐名,同称为中国三大木刻年画,历来有"南桃北杨"之称。② 吴地人民有在喜庆的日子或者过节的时候在大门上或者墙上贴年画的习俗,因此桃花坞木刻年画以吉庆如意、纳福迎祥、扶正祛邪等美好寓意为主要内容来迎合人们的心理需求,反映了人们喜庆愉悦的心情以及对未来的美好向往,颇富浪漫主义色彩。

桃花坞年画的创作手法多种多样,既立足于中国传统的民间特色,又适当借鉴了西洋风景铜版画式,形式新颖,生动活泼。在色彩上,桃花坞年画通常采用较为简单素雅的颜色,如粉绿、粉蓝、品红等,与苏州的粉墙黛瓦相得益彰,彰显了浓浓的苏州特色。年画的作者均为民间画师,题款均署别号,姓名、生卒年等无从考证。

改革开放后,苏州政府加强了对桃花坞木刻年画这一传统工艺的保护,恢复了桃花坞木刻年画画社和桃花坞木刻年画研究会等,并采取了多种积极措施将它们并入苏州工艺美术学院,成立了桃花坞木刻年画研究所和工作室,保护和传承了这一极具文化和历史价值的传统工艺。

(二) 精妙绝伦的苏绣

作为我国四大名绣(湘绣、粤绣、蜀绣、苏绣)之一,苏绣已有2000多年的历史。它不仅是吴地著名的传统手工艺,而且在全国甚至全世界都享有盛誉。早在春秋战国时期,吴地的蚕桑业和丝绸业就很发达,刺绣的初步形式也随之

---

① 吴恩培. 吴文化概论[M]. 南京:东南大学出版社,2006:268.
② 朱永新. 吴文化的传承、发展与苏州现代化建设(下)[J]. 苏州职业大学学报,2003(8):3.

出现,刺绣服饰被作为礼仪国服。自宋代起,官方就在苏州设立"绣局",推动苏绣进一步发展到成熟阶段。在虎丘云岩寺塔和瑞光寺塔发现的北宋刺绣经袱,是苏绣现存的最早的实物。明清时期,苏绣的发展进入一个重要的时期。明代起在苏州设官办刺绣作坊,专门为朝廷绣制官服图案。到了清朝,苏州的绣品更加丰富繁多,刺绣工艺更加精湛,宫廷享用的几乎所有绣品都由苏州供应,足见苏州刺绣之兴盛。始于宋代的双面绣在清代得到较大的发展。所谓双面绣,就是在一次刺绣的过程中能同时完成双面相同的图案,技艺之精湛令人赞叹。因此,到了清代,双面绣已普遍用于各种生活日用品,如绣屏、团扇、手帕、头巾、门帘、床帏、枕套、袄裙、鞋帽等。

苏绣艺术品分为闺阁绣和商品绣两类。所谓闺阁绣,即出自名门闺媛之手,以国画为绣稿,精工细绣,不计成本。闺阁绣对于绣技以及绘画书法方面的造诣要求较高,因而成本也较高,通常用于高档物品的装饰。而商品绣顾名思义则是刺绣工厂的产物,出自民间工匠之手,质朴实用,成本较低,通常用作馈赠礼品。

苏绣发展过程中还涌现出大批著名艺人,其中,清末民初的著名工艺大师沈寿尤为突出。她吸收了西洋绘画的表现技法,将刺绣与绘画结合起来,创造了明暗关系变化的仿真绣,将刺绣技艺提高到崭新的发展阶段。她绣制的《意大利皇后丽娜像》和《耶稣像》荣获国际大奖,其工艺之精巧令世界赞叹。

新中国以后,苏州在双面绣的基础上创立了精美绝伦的"双面三异绣",即在洁白的丝绢上绣出两面不同的图案,而且从不同角度看还会呈现不同颜色和形态,精妙绝伦的绣技使得苏绣再一次大放异彩。此后,苏绣在保护继承的基础上不断发展创新,持续带给世人视觉的享受。

四、独树一帜的吴地建筑

(一)苏州园林甲天下

因其特有的自然环境,吴地多建具有水乡特色的园林建筑。吴地的园林通常在顺应自然的基础上改造自然,在有限的空间内叠山造林、掘河造桥,构建一个个"城中花园"。其中,苏州私家园林最有名。苏州园林不仅是吴地园林的典型代表,同时也是中国古典园林的典型代表。东晋时顾辟疆在苏州营建了吴中第一座私家花园——辟疆园,这也是苏州早期历史上较为著名的一座园林。之后,又不断有富商名流在苏州定居养老、兴建园林,使得苏州园林艺术得到很大的发展。苏州园林的主人主要分为两类,一类是富商巨贾,另一类是退居的官吏。其中,以退居的官吏较为典型。他们大多文化层次较高,经历了官场的浮沉后,有的想借退隐来避祸,却又不想真正隐居山林,于是选择建造一座"城中花园",既能满足他们的闲情雅致,又不致生活得太过清贫。这些都造就了苏州园林清逸风雅的气质。

苏州的私家园林多建于城市中,园中有小桥流水、亭台楼阁,配以花木、假山等,清新素雅,十分精巧。这些园林通常占地面积并不大,却能巧妙地使用借景、对景、分景、隔景等艺术手法,达到小中见大、虚实相间、别有洞天的效果。苏州园林艺术的发展与苏州当时发达的书画艺术密不可分,它善于把诗画艺术的精华运用到造园艺术中,由文人画家参与园林的设计,借景抒情,融会贯通,体现出浓厚的写意山水意境。苏州园林既模拟自然,又超越自然,充分体现了天人合一的理念,缔造了人们一直以来理想的人居环境,苏州"人间天堂"的称号名副其实。

沧浪亭、狮子林、拙政园和留园是苏州园林中极具代表性的四大名园。沧浪亭是苏州最古老的园林,它在布局上最大的特点是未入园而先成景,一泓清流紧紧围绕着园林。它还善于用各种造型精美的漏窗将园林的内景、外景和近景巧妙地结合起来,被称为典型的"城市山林"。狮子林由元末僧人无如禅师所建,被视为吴地园林成熟期的代表。它的独特之处在于园中的许多假山状如狮子,故名狮子林。这些假山多用太湖石构成,形状各异,妙趣横生。拙政园始建于明代嘉靖年间,是苏州最大最具代表性的园林,人称"江南名园,园中精华"。拙政园的艺术特点在于"以水取胜",水池面积占全园的三分之一,水的流动性增添了园林的灵性,实现了"动静结合"。留园则为清代著名的园林,它最初是明嘉靖年间太仆寺卿徐泰时的私人花园。它在布局上采纳了各园所长,建筑结构多样,在苏州园林中以厅堂建筑著名。除了这四大名园外,网师园、西园、艺圃、藕园、怡园、鹤园、听枫园、环秀山庄等也名闻遐迩。1977年,拙政园、留园、网师园、环秀山庄四座名园作为苏州园林的典型被联合国教科文组织列入世界遗产名录;2000年又新增沧浪亭、狮子林、艺圃、藕园、退思园五座名园。苏州园林的文化价值和艺术价值正在被越来越多的人所认可。

(二) 小桥流水的城镇

因其鲜明的水乡特色,吴地的城镇都是临水而建,参差的民居和街道通过一座座精致的石拱小桥相连。正如唐代著名诗人杜荀鹤诗中所言:"君到姑苏见,人家尽枕河。古宫闲地少,水港小桥多。夜市卖菱藕,春船载绮罗。遥知未眠月,乡思在渔歌。"吴地以"小桥流水人家"为典型的小城镇是最具有江南水乡特色的建筑群,其中以苏州的古城古镇最为典型,保存得最为完整。据考证,苏州的城址在2500年间都未曾位移,这在历史上是非常罕见的。至今,苏州依然保存着"三纵三横"的城内道路水系和"水陆平行,河街相邻"的双棋盘格局。

苏州自古以来就是国家历史文化名城,有着大批典型的古镇和历史文化保护区。在住房城乡建设部和国家文物局最新公布的第六批中国历史文化名镇(村)中,苏州市共有3镇3村入围。其中,吴江区的黎里镇、震泽镇和常熟市的古里镇上榜中国历史文化名镇;吴中区东山镇的杨湾村、金庭镇的东村和东山镇三山村上榜中国历史文化名村。① 除此之外,苏州还有很多闻名遐迩的古村镇,其中较为有名的最具代表性的有同里、周庄、木渎、甪直等。同里地处吴江,位于太湖之滨,水路交通非常便利,现存退思园、环翠山庄、耕乐堂等著名的园林和古建筑。周庄地处昆山,四面环水,安宁静谧,保存着大批古建筑,如沈万三的后裔修建的住宅沈厅,以及张厅、周厅等,都是典型的江南民居。木渎位于苏州古城西部,地处太湖流域,素有"吴中第一镇"、"秀绝冠江南"的美称,保留了大量名胜古迹,具有深厚的历史底蕴。甪直则地处苏州市郊,水多桥多,享有江南"桥都"的誉称。这些古城古镇都极具历史文化价值,已成为吴地的一张张名片。如何合理地对它们进行保护和开发,值得我们每一个现代人深入思考。

五、别具一格的吴地民俗

(一) 精致淡雅的饮食习惯

江南素称"鱼米之乡",吴地人通常以稻米为主食,鱼虾为佐餐。吴地的米食最常见的两种形式是米饭和米粥,其次是糕点、团子、粽子等米制食品。米饭和米粥自不用多说,构成了吴地人的一日三餐,通常是早晚喝粥,中午吃饭,这种饮食习惯绵延了千百年之久。糕点、团子、粽子等米制品通常作为节令食品,也是农忙时节农家的主食之一。除了稻米外,鱼虾也是吴地人偏好。江南水乡水多鱼多,盛产的鱼虾种类繁多,数量可观。尤其是太湖,蕴含着丰富的

---

① 苏州6镇(村)入围中国历史文化名镇[EB/OL],http://jsnews.jschina.com.cn/system/2014/03/13/020508261.shtml.

水产资源,银鱼、白鱼、白虾俗称"太湖三白",是"太湖船菜"的招牌食材。另外,吴地还盛产螃蟹,阳澄湖和长荡湖的大闸蟹闻名中外。

同时,苏州的风味小吃也是一大特色。苏州的小吃历史悠久,种类繁多,特别是城内的玄妙观,集中了各色小吃。明代时,玄妙观已形成露天的集市,到了清代更是兴旺,玄妙观成为全市最繁华的一角。苏州的风味小吃品种多样,有青团子、小笼包、馄饨、生煎馒头、糖粥、凉粉、藕粉、豆腐花、赤豆粥、八宝粥、八宝饭、豆腐干、茴香豆、千张百页、素鸡、奥灶面、五香茶叶蛋、糖炒栗子、梅花糕、海棠糕等,听起来就令人垂涎三尺。如今,在长期的历史演变中,许多小吃已经形成了各自的品牌,如昆山的奥灶面,采芝斋的粽子糖、枣泥糕等,显示出苏州小吃的发展正在走向品牌化、专业化、国际化。

除此之外,茶文化也是吴地饮食文化中不可或缺的一部分。吴地茶文化的历史非常悠久,早在西汉时期就有吴地人进行茶事活动的相关记载,到了唐宋时期,茶文化更是进入了大发展的阶段。苏州郊区的茶叶非常有名,产自苏州东、西山的碧螺春和杭州的西湖龙井并称为"绿茶之极品"。很早以前吴地的城乡就遍布茶馆,有广大平民喝茶聊天的大众化茶馆,也有一些文人才子经常光顾的高雅茶馆。除了喝茶聊天外,旧时的茶馆还承载着大众娱乐的功能,经常会请一些艺人去说书或者表演评弹。一边品尝茶的芬芳,一边欣赏艺人的表演,彰显了吴人清新淡雅的气质和闲情逸致的心境。

(二)温和古典的服饰文化

吴地植桑养蚕,素有"丝绸之乡"的美称。据考证,吴地先民早在五六千年前就开始采葛、劈麻、养蚕、理丝了。他们用纺轮纺纱捻线,编制出多种多样的衣饰材料,如葛、夏布(即苎麻布)、绢、帛等。夏、周时期,吴地先民"文身断发""雕题黑齿",身上穿戴以葛布、麻布或绢帛制成的服饰,其式样以短袖宽口为主,还佩戴各种装饰品。等到春秋时期,太湖流域的养蚕事业已十分发达,吴国的丝绸也闻名于世。秦汉魏晋时,吴地的桑蚕业总体不断发展,人们的服饰如少年束发用的"肖头"以及年轻女子穿的"上襦""下裙"和腰间束的"纨素带",大多用丝织品制作而成。隋唐时期,吴地的桑、麻业继续蓬勃发展,形成了农村家家养蚕、户户植麻的局面。吴地的丝织品成为上等服饰的用料,被列为入贡朝廷的贡品。从五代到南宋,随着我国经济重心的转移,吴地的蚕桑业更是称雄全国。①

吴地人民比较追求衣服的质感美,因此,丝绸便成为他们青睐的服饰用料。他们习惯用丝绸做衬衫、长衫、裤子等,因为丝绸较为轻薄飘逸,有垂感,弹性强,而且柔软舒适。旧时女性所偏爱的旗袍也由丝绸做成。旗袍花色繁多,样式各异,有纯色的,有小碎花的,有细条纹的,有素格子的,总体清新淡雅,温和稳重,尽显女性身段之美,因此也为很多现代女性所喜爱。

近代以来,吴地的桑蚕业和棉纺业继续不断发展,在全国遥遥领先。苏州的丝绸服饰也以其轻薄的质感和高档的品位闻名中外,为人们所钟爱。

(三)传统隆重的婚嫁习俗

婚姻是人生中的第二件大事,婚礼是所有中国人心中最神圣的典礼。吴地人尤为重视婚嫁礼仪,婚嫁习俗传统而隆重。"无媒不成亲""明媒正娶"是吴地传统的婚俗,即子女达到一定适婚年龄后,父母开始留心择配,央媒说合。有中意的对象后,男方先要聘请媒人向女方家提亲,讨女子的年庚,即"讨八字"。女方若是合意,则开出年庚八字,交由媒人带回给男方。男方请来算命先生"合字",若八字相合,则男方正式下聘定亲。女方家若正式应允,则收帖受礼,这门婚事就算定下来了。接下来,在预选好的良辰吉时,男方备两顶轿子去女方家迎亲,其中一顶是花轿,一顶是青布轿,新郎坐青布轿,花轿空着跟在青布轿后面,一路吹吹打打,爆竹声声。到了女方家门前,女方故意不开门,俗称"拦门",新郎需递上"开门钱",才能下轿进门,拜见岳父母。新娘盛装,辞别父母,离家时还要放声大哭,俗称"哭嫁"。到了男方家门前,新郎先下轿,搀扶新娘下轿进入家门。在媒婆的主持下,新郎新娘进行拜堂仪式:一拜天地,二拜高堂,夫妻对拜,接着新郎抱新娘入洞房。新郎新娘并坐床上喝"交杯酒",接受"撒帐",行"下床礼"。喜宴后,宾客还要"闹洞房",俗称"闹发、闹发,越闹越发"。闹房之后,新婚夫妇就寝,共度良宵。新婚后第三天,新娘"回门",新婚夫妇一起回娘家,称为"归宁"。数日后,男方邀请女方亲戚一起吃饭,又称"会亲"。

可以看到,旧时吴地的婚俗传统而隆重,近代以来,这些婚俗虽然已经发生了很大的改变,但基本的程序依旧保留,如"说媒""拦门""闹洞房""回门"等。苏州对于旧时婚俗的保留尤为完整,如今苏州很多地方依旧遵循下午接

---

① 宗菊如,戈春源.吴文化简史[M].哈尔滨:黑龙江人民出版社,2005:199-200.

新娘晚上办酒席的旧俗,足以见苏州对于婚嫁习俗的看重。由此,苏州的婚嫁产业逐渐兴起,吸纳了古今中外的各种元素,形成了自己的特色,尤其是嫁衣婚纱产业,如虎丘婚纱城、相城婚纱城等,已经闻名遐迩,发达兴盛。

第四节　吴文化的基本精神

一、开放包容精神

吴文化之所以能够得以形成,并不断发展,是与其具有开放包容的本质密不可分的。吴文化开放包容的精神是与生俱来的,因为从吴文化诞生之际,它就怀着开放包容的心态,迎接外来的、不同区域的文化。可以说,吴文化是多种区域文化在吴地这块共同的土壤上孕育而来的,它并不是一个原生态的土著文化,而是多种区域文化的结晶。

首先,从客观的自然地理维度上看,吴地地处江河湖海汇集之处,兼纳百川。太湖是长江与东海的支流,上游有苕溪、荆溪两大水系汇入太湖,自西南向东流经溧阳、茅山、武进、宜兴等地。下游则有东江、娄江、吴淞江,即太湖三江汇入东海。[①] 四通八达的水系,加之吴地航海技术的发展,吴地与外界的往来越来越频繁,由此许多外部的文化和技术得以传入吴地。

其次,从历史演变的维度上看,吴文化的起源就是建立在其开放包容的精神基础上的。《史记·吴世家》中有云:"太伯之奔荆蛮,自号勾吴。荆蛮义之,从而归之千余家。"当初居住在吴地广袤土地上的是土著民族,而太伯、仲雍的奔吴之举给当地带来了先进的中原文化,例如农耕技术、民俗伦理、祭祀典礼等。不仅如此,他们还入乡随俗,"断发文身",促进了吴地土著文化与中原文化的第一次融合,形成了早期的吴文化,即勾吴文化。可见,吴文化从形成之初就营造了良好的开放包容氛围。随后寿梦二年,吴国在晋国的协助下,大力培植军事力量以与楚国抗衡。此时,吴国开放包容的精神在其任用将才方面也有所体现,例如阖闾重用晋国的申公巫臣、楚国的伍子胥、齐国的孙武等。吴国任人唯贤,打败了楚国、越国,造就了一番伟业。值得一提的是,吴国在东渐的过程中,不仅扩大了其疆域版图,同时也消化融合了其他地域的优秀

---

① 李勇."太湖时代"的吴文化特质及社会功能[J].甘肃社会科学,2011(1):181-185.

文明成果,丰富了吴文化的内容。到了近代,随着资本主义渗入吴地,吴文化更是吸纳了国外先进的思想和技术。

最后,从文化形成的维度上看,吴文化的开放包容精神不仅表现在"引进来"上,而且体现在"走出去"上。吴地很多优秀的文明成果都在域外得到了很好的传播和借鉴,如古时的丝绸之路,将吴地的丝绸远销域外;日本的稻作文化也是由长江下游的吴越地区传入的;佛教最早由吴越人传入日本,由建康(今南京)僧人传入朝鲜半岛。其中,影响最深远的事件要数郑和下西洋。郑和下西洋之宝船大多产自吴越船厂(刘家港船厂、龙江船厂等),给世界带去了中国包括吴地的瑰宝和丰富物产。[①] 这种积极的文化交流态度,也是吴文化开放包容精神的体现。

由此可见,吴文化的形成经历了多个朝代的更替,在不同历史背景、社会背景、政权背景下接受着不同文化的碰撞和洗礼。吴文化在保持自身优秀特质的前提下,批判地接纳、融合其他外来文化,从而进行自我改造、自我蜕变、自我升华。改革开放以来,长江三角洲地区的经济之所以能够飞速发展,苏州与新加坡合资创办的苏州工业园区之所以如此成功,都得益于吴文化的开放包容精神。

二、开拓创新精神

创新乃民族之魂,是文化生生不息、永葆活力的源泉。据记载,太伯初到吴地之时,吴地还是一个蛮荒之地,仍停留在刀耕火种的原始阶段,太伯在经历了长期的艰难开拓、筚路蓝缕后,创造出了灿烂辉煌的吴文化。自此,太伯开拓创新的精神便长久地融于吴文化发展的各个阶段和各个领域中。

太伯奔吴之初,不仅带来了中原先进的农耕技术,同时也带来了先进的农耕生产器具。这些生产器具的使用并不是生搬硬套的,而是根据吴地土壤、地形的实际情况,进行了相应的调整,以更好地适用于吴地耕作。如春秋晚期,为了更好地完成开垦、翻种、中耕、收割等一系列农耕活动,吴地先辈们将冶炼技术融于农作工具中,发明了青铜耨、铜锯镰等,提高了农业生产效率;春秋时期,干将、莫邪夫妇所铸造的同名宝剑举世闻名,为了纪念他们的卓越成就,苏州城区现仍保留着东西向的干将路和南北向的莫邪路;西汉时期,吴地先辈们

---

① 王立人. 吴文化研究新论[M]. 中国文史出版社,2006:196 – 198.

已初步涉足原始机械领域,运用杠杆原理和脚踏碓机械化发明了水碓,进行舂米。用于扬谷的扇车则利用了人工转动轮轴,使轮轴上安装的若干扇叶产生气流的原理,从而将谷物中残留的糠秕扬除,达到清选粮食的目的;唐代陆龟蒙在《耒耜经》中记载,中原的江东犁传入吴地后,为了迎合吴地水田耕作的生产方式,吴地的先辈们将原本的直辕改造为曲辕,同时减轻了辕的重量,改造后的江东犁因操作便捷、灵活,沿用至今。[①] 生产工具标志着生产力的发展水平,吴地生产工具得到不断改良和创新喻示着吴地的生产力水平也不断向更高的层次发展。

吴文化开拓创新的精神不仅在生产领域得到了很好的发扬,而且潜移默化地渗透到了吴地的民俗风情、艺术造诣等精神文明层面。吴语作为我国最古老的语系之一,至今仍为江南地区的人们所使用,俗称"吴侬软语",吴语就是在融合了古楚语的基础上,进行再创造而产生的。吴语的诞生又衍生出了一系列的吴语文化,例如"百戏之祖"的昆曲、缠绵含蓄的吴歌、"说噱弹唱"的评弹,都是吴地独创的、特有的艺术表现形式。吴地不仅在说唱艺术方面具有鲜明的地方色彩,在书画艺术方面也开辟了新天地,即开创了"吴门画派"。"吴门画派"的代表人物皆为吴郡人士,如沈周、唐寅、文徵明、祝枝山、张宏等,这种独创的书画艺术形式将诗、书、画有机融于作品中,是吴文化开拓创新精神的又一体现,在中国书画发展史上占有一席之地。此外,"一步一景"的园林构造,"平、齐、和、光、顺、匀"的苏绣技法,"一版一色"的桃花坞木刻年画等,都是吴地先辈们的开拓创新之举给我们留下的宝贵财富。

当下,在面临全球化的机遇与挑战时,我们更应该秉承吴文化开拓创新的精神与"和而不同"的文化特质,在吸收外界新鲜活力的同时,与时俱进,勇于创新,赋予吴文化新的生命力,使之脱颖而出,永续发展,傲立于世界文化之林。

三、务实进取精神

务实进取即秉持着实事求是、勤勉实干的态度,杜绝不切实际的空想,通过脚踏实地地进行社会实践生产活动,一步步向更加远大的目标前进。同时,务实也是创新的一个基本要求,因为任何创新活动都是建立在遵循客观规律

[①] 虞澄.吴文化的基本精神[J].吴中学刊,1997(4).

这一基本原则的基础之上的。吴文化所形成的一切文明成果，都是吴地先辈们通过辛勤耕耘、改革创新、务实进取所得来的。

我们不妨再从吴文化形成的源头看起。太伯初到吴地之时，并没有被眼前艰难的环境所难倒，而是本着务实的精神，带着吴地的先辈们开垦荒地，农作劳动的每一环节都兢兢业业，追求精细，从而使吴地"数年之间，民人殷富"，太伯也因此被拥立为吴郡之王。由此可见，吴文化中务实进取的良好品质早在农耕时期就已形成。正是由于吴地的人们始终保持着这种务实进取的精神，使得唐代以后吴地的经济实力已在全国有着举足轻重的地位。明清之际，吴地已发展为全国粮仓，经济实力跃居全国前列，直至今日，长江三角洲地区经济发展程度在全国仍是首屈一指。吴地的务实进取精神不仅仅局限于农业生产方面，随着时间的推移，这种务实进取的精神已经在无形中渗透到其他领域，如品质高纯、洁白光滑的蚕丝品，精美绝伦、匠心独运的工艺美术品等。

吴地虽已是"仓廪实"的富庶之地，但是吴地的先辈们并没有固步自封，安于现状，而是怀揣着务实进取的精神，向更高层次的目标进发。早在明代，无锡东林学派的成立使"经世致用""忌空谈、尚实学""躬行实践"等务实进取思想广为流传。随后，在顾炎武"天下兴亡，匹夫有责"、薛福成"发展工商，强国富民"思想的陶冶下，吴地渐渐形成了务实进取的朴素民风。到了19世纪末20世纪初，受到洋务运动的影响，吴地许多仁人志士纷纷投入到创办实业、发展经济的浪潮中来。民族工商企业如雨后春笋般大量涌现起来，如面粉厂、缫丝厂、纺织厂等，这些民族企业的成功发展带动了近代吴地在经济上的第一次飞跃。20世纪七八十年代，在改革开放政策的大环境下，吴地的农民们凭借自己的努力发展乡镇企业，逐渐形成了非农化发展方式的"苏南模式"。"苏南模式"经济发展格局的形成是务实进取、聪慧能干的吴地人民在改革开放的浪潮中，及时看清方向、抓住机遇，开创出的新型经济发展模式，也因此，吴地的经济实现了第二次飞跃。

吴地人民安居在这一片乐土上，没有太多不切实际的幻想，而是通过辛勤劳动换取富足生活，通过务实进取换取安逸生活。吴文化这种务实进取的精神为吴地更快更好的发展提供了不竭动力。

第二章　苏州文化产业发展概述

第一节　文化产业的概念及特征

一、文化产业的概念

"文化产业"（cultural industry）的概念是法兰克福社会学派的学者阿德罗（Adorno）与奥克米默（Hockheimer）在1947年出版的《启蒙辩证法》一书中首次提出的。半个多世纪以来，随着世界文化产业的飞速发展，越来越多的学者和机构投入到文化产业的研究之中，提出了各不相同的文化产业概念。国家统计局、国家文化部等部门将"文化产业"这一概念界定为"为社会公众提供文化、娱乐产品和服务的活动，以及与这些活动有关联的活动的集合"[1]。

联合国教科文组织是这样定义"文化产业"的：文化产业就是按照工业标准，生产、再生产、储存以及分配文化产品和服务的一系列活动。这一定义是从文化产品的工业标准化生产、分配、流通、消费的角度来界定的。国外的文化产业涵盖了文化艺术业、广播电视业、新闻出版业、教育业、旅游业、体育业、广告业等。而我国国家统计局将新闻出版发行服务、广播电视电影服务、文化艺术服务、文化信息传输服务、文化创意和设计服务、文化休闲娱乐服务、工艺美术品的生产、文化产品生产的辅助生产、文化用品的生产、文化专用设备的生产列为文化产业的范围。尽管世界各国对文化产业有不同的定义，但文化产品的精神性、娱乐性等基本特征不变，可以说，文化产业是具有精神性、娱乐性的文化产品的生产、流通、消费活动。

---

[1] 徐世丕.当代全球文化产业扫描[N].中国文化报,2003-09-06.

二、文化产业的特征

(一) 创新性是文化产业最显著的特征

文化产业以创意为核心。英国的创意产业特别工作组对"创意产业"(creative industry)做出了如下定义:"创意产业"就是源于个人创意、技巧和才华,通过知识产权的开发和运用,从而形成具有创造财富和就业潜力的行业。被认为是科技大国和经济强国的美国,则把开发、满足人们的好奇心作为新需求、新能源、新消费和新市场,把创造作为市场的动力和源泉。可见,文化产业的本质在于无限地创造,在于无休止地探求新的境界。文化要从异端、非日常、例外、少数派、怪异和惊奇中吸取活力。创新是文化产业不断发展的根本动力。[①]

文化产业在某种程度上就是创意、创新产业,创新性是文化产业最为显著的特征,文化产业生产出的产品不是一般的物质产品,而是文化生产者通过劳动生产的文化新特质,是过去所没有的东西。它渗透于文化的生产、分配、流通、消费,是文化不断进行再生产的灵魂和动力,也是文化产品和文化服务不断为大众所接受和喜爱的关键之处。文化产品的生产者可以在吸收、借鉴前人劳动成果的基础上进行创作,经过自己的思考或加工整合,创作出他人没有的新成果,而不能抄袭复制他人的劳动成果。因而,文化生产是一个具有自主知识产权的原创性研究活动或发明的过程,文化产品都具有不可重复性、不可替代性。任何一件伟大的文化艺术作品都是独一无二的,都是其创作者精神、智慧和思想的体现。可见,运用新观念、新思路、新方法创造财富是文化产业发展的必经之路。

(二) 文化产品具有精神属性

文化产业生产的文化产品具有精神属性,这是它区别于物质产品的一个本质特征。

文化产业生产的文化产品作为商品也具有一般商品的两个基本属性,即具有使用价值和价值。文化产品的使用价值具有两种形态,一种是具有物质外壳,如书画、音响、影视、工艺制品等;一种是不具有物质形态,它的生产过程即是人们的消费过程,边生产边消费,生产完即消费完,如各种形式的艺术表

[①] 王志东.文化产业一本通[M].济南:山东人民出版社,2010:6.

演、娱乐活动等。它们通过人的语言、声音、肢体动作等表达某种思想、精神、观点和内心的情感,以期启发、打动和感染观众。①

如今,随着我国经济的不断发展,人们的物质生活水平不断提高,人们的物质需求基本都能得到满足,此时,人们对物质生产部门生产的产品的需求已经不是那么迫切,反而是精神需求愈加旺盛。在获得高质量的物质生活之后,人们往往会通过文化产品的消费和娱乐来放松紧张的身心和工作、生活中,消除的劳累,获得精神上的愉悦。文化产品的使用价值虽然不像物质生产部门生产的产品那般具有实实在在的"有用性",但它可以带来物质产品所不能给予的精神层面的享受。文化产品的使用价值指的就是消费者在消费文化产品时从中收获的精神满足。如我们通过看电影、读小说、听演唱会、欣赏绘画等活动感受艺术作品中蕴含的精神内涵,从中感悟人生,了解社会,提取出对自己产生影响的部分。在文化产品的生产和消费中,追求生产和消费健康、进步、积极向上的文化,反对颓废、腐朽、落后不健康的文化,争取获得更高质量的精神生活。

(三) 文化产业具有市场属性

文化产业是制造和营销文化产品、文化服务的活动,是按照市场需求进行生产、分配、流通和消费的过程,它遵循价值规律,以获取利润为目的。市场在文化产品的生产和服务中发挥基础性作用,这在发达国家更为明显。目前,发达国家的文化产业已经形成了比较完善的市场化投资模式、工业化生产模式、商业化营销模式。

从需求方面来看,随着社会生产力水平的提高和居民收入的增长,文化消费日益普及,这种广泛的社会需求为文化产业化提供了坚实的市场基础。从供给方面来看,生产技术的进步,改变了原有文化产品的生产方式,提高了文化产品的生产力水平和产品的供给能力,使文化产品的规模生产成为可能。一旦文化产品能够采取工业的模式进行大规模批量化生产,它的主要消费群体将是社会普通民众。文化产品的产业化生产,改变了文化产品的服务对象,最大限度地扩大了文化的服务范围,它是"精品"文化的"普通"化,使原属于一定范围的"精品"文化经过"普通"化而能够为社会普通民众所接受。一旦文化产品按同一的标准进行批量生产,其产品也就不再具有传统精品文化所

---

① 孙建成.文化产业的特征与我国文化产业的发展[J].齐鲁学刊.2008(05):73-74.

具有的文化特性,而是根据市场需求,作为普通商品进行生产和销售,以满足消费者的日常需求。文化产业标准化、批量化生产的一个重要表现就是生产过程降低了对劳动者个人技能的要求。也正因为如此,文化企业才有可能突破劳动者个人技能对产业发展的技术限制,能够标准化、大批量组织文化产品的生产与供给。产业化的文化产品生产者根据消费者的要求组织产品的生产,他们首先是将文化产品看作商品,其次才赋予其文化特性。因此,文化产业中的文化产品,其市场属性是强大的,文化产业需要保证其文化产品能够按市场的原则组织生产和出售。所以,文化产业化必然是对文化产品按市场的原则进行改造,而且通常表现为对文化产品中各种妨碍标准化和批量化的因素进行改造,使其既能按照工业的原则大批量生产,同时又能满足大众文化消费的需求。①

（四）文化产业和意识形态的统一性

与一般的物质产品不同,文化产品具有更多的文化价值属性,同时具有鲜明的意识形态属性,它可以潜移默化地影响文化产品消费者的价值观念、生活方式和审美情趣。文化产业通过生产文化产品、开展文化服务,进而在满足人们精神需求的同时实现其经济效益,实现产品的价值补偿和增值。文化具有意识形态属性,属于上层建筑的范畴。文化产业要为社会意识形态服务。社会意识形态是各种社会观念（政治、法律、哲学、道德、艺术、宗教等观念）的体系,是人类社会发展到一定阶段的产物。作为意识形态的文化产品,是一定社会经济和政治的反映,它反过来又对一定的社会政治和经济产生巨大的作用和影响。经济全球化是一把双刃剑,它一方面促进了文化产业的发展,加快了各异质文化的融合,另一方面也加剧了各异质文化间的冲突。不同国家、民族或不同阶级从维护自身利益的角度出发,必然将反映自身社会意识形态的文化产品投入市场,此类文化产品往往带有不同程度的政治色彩。

文化产业的意识形态性来源于文化的意识形态性。文化是带有意识形态性质的特殊商品,文化的商品生产中还存在产品的商品性与艺术性、意识性的矛盾,对上述矛盾的调节,市场是失灵的。因而,文化不能全面市场化,只有适合市场化运作的文化产品和服务才能市场化。即便对于商品性文化生产,亦应采用政府规制、管理和调节模式,遵循以先进文化为指导的原则。对文化资

---

① 孙建成.文化产业的特征与我国文化产业的发展[J].齐鲁学刊,2008(05):74.

源的配置,绝不可以听任市场的自发作用,应该有效发挥政府的功能,使市场的"搞活""调适"功能与政府的管理和指导相结合。①

（五）文化产业具有很强的包容性、渗透性

经济体系中的产业,一般具有相对清晰的产业边界,这也是作为一个独立产业所必备的。但是,文化产业与其他产业在此方面存在着显著不同。文化产业直接诞生于经济与文化的互动关系,这两大领域的对接使经济和文化中的各个环节都可能是文化产业的范围。不仅如此,文化产业还在经济和文化之外拓展了新的领域。②

文化可以融入不同的产业之中,形成具有不同文化内涵的产业形态,如饮食文化、家居文化、汽车文化等。同时,文化产业具有很强的经济拉动性。好莱坞经典爱情电影《泰坦尼克号》就是一个典型的例子。这部电影的直接收益是18亿美元,间接产品收益却达到了57亿美元。无独有偶,名噪一时的热播韩剧《来自星星的你》不仅引发了韩剧热,还极大地推动了韩国文化产品的出口创汇,创造的直接经济效益相当可观,同时它还带动了韩国的旅游业、美容业、餐饮业等其他产业的发展。随着经济与文化之间的互动越来越多,越来越快,文化产业的生产领域不断拓展,文化产业的发展空间成为开放性空间。在经济全球化的背景下,许多文化产业集团不断打破行业、地区之间的界限,通过大公司之间的重新组合和集中,形成文化产业内各行业之间、文化产业与其他产业之间相互融合、相互渗透的新格局,同时涌现出了一批大型的跨行业、跨国界的文化产业集团。

第二节　苏州文化产业发展的现状

苏州是国务院首批公布的历史文化名城,也是我国沿海经济发达地区之一。苏州文化资源丰富,积淀深厚,文化与科技经济融合发展的历史基础和现实条件优良,发展文化产业的优势明显。改革开放以来,苏州在大力推进经济快速发展的同时,始终高度重视文化等社会事业的建设,实现了经济社会的协调可持续发展。特别是近年来,苏州按照中央和省有关加快文化产业发展的

---

① 孙连才,候红婕.文化产业教程[M].北京:中国传媒大学出版社,2012:20.
② 何频.现代区域经济发展中的文化生产力[M].成都:西南财经大学出版社,2008:58.

一系列精神以及全市文化建设的总体要求,在加快现代化、国际化新苏州建设的进程中,在繁荣文化事业的同时,把大力发展文化产业作为文化强市、文化名市建设的一项重要任务来着力加以推进,目前全市已基本形成了多门类的综合性文化产业体系。① 苏州文化产业发展主要呈现出以下特点。

一、产业氛围日益浓厚

(一) 政府加大资金支持

近年来,国家和江苏省为促进文化产业发展陆续出台了一系列重要政策,苏州市有关部门一方面认真整合,做好政策的落实工作,另一方面结合实际,制定相关配套政策,进一步完善文化产业发展的政策体系。目前,苏州市政府正加大资金投入,建立了由政府主导的文化产业担保基金、文化产业发展专项扶持资金和文化产业投资引导基金三个方面组成的苏州市文化产业发展资金。根据苏州市政府的规划,文化产业担保基金对符合条件的文化企业,在发生担保贷款损失时,按一定比例予以代偿。对通过担保公司取得的银行代偿,给予其实际支付担保费用30%的补贴,最高可达到100万元。② 这些资金重点扶持文化产业龙头企业、文化产业集聚区、重大文化产业工程、具有示范性导向性的文化产品生产和文化服务项目,为文化企业进行融资、投资服务。苏州文化产业担保基金首期投入1000万元作为启动资金,建立的"文贷通"产品目前可获得银行最高2亿元的贷款额度。目前,苏州文化产业发展专项扶持资金已累计达89个项目,下达了3260万元的资金计划安排。

(二) 人才得到空前重视

高素质的人才是发展文化产业的第一资源,苏州的文化产业之所以能够不断发展壮大,并逐渐发展成为重要的支柱产业,其关键就在于抓住了人才这一环节。2011年,苏州把文化产业人才纳入了"姑苏人才计划",并专门出台了《苏州市姑苏文化产业人才计划实施细则(试行)》(苏办发〔2011〕15号),吸引、鼓励各类文化产业人才来苏创业工作。所谓"海纳百川,有容乃大",这一政策无疑对苏州大力引进文化人才具有重要意义。目前苏州大力引进经营

---

① 苏州文化产业发展态势[EB/OL],http://wcl.whcycyw.com/index.php? tcon = article&id = 247.

② 王晓东.加快发展苏州文化产业的路径分析[J].青年记者,2012(35):92-93.

管理人才、文化经济人才和科技创新人才等文化产业急需的各类人才,吸引和聘用海外高级人才,实施引得进、留得住、用得活的人才战略,以优势产业集聚人才,以重点项目吸引人才,以合作方式招揽人才。同时,通过组织建立文化产业人才库,实施文化产业人才培训工程等多种措施,吸引人才、培养人才。作为服务地方的苏州高校也结合各自的学科优势和研究专长,结合产业发展的实践,有针对性地培养适应苏州市场需求的文化创意人才。① 苏州积极鼓励高校与企业联姻,开展文化产业人才的培养、培训工作,培养具有领先的策划能力、文化产品创新能力、市场营销能力和开放的国际视野的优秀文化创意人才和市场经营管理人才,壮大文化产业企业家人才队伍,继续发展文化艺术教育,培育艺术人才。②

二、市场主体日益壮大

(一)集群化发展步伐加快

随着一批文化产业园区的相继建设和投入使用,苏州文化产业集群化发展趋势日益明显。以原平江、沧浪等为代表的地区利用工业遗产、老旧厂房和近代建筑改造,建成了一批独具魅力的创意产业集聚区,如原平江区的容创意产业园、原沧浪区的989文化创意产业园等;以常熟、昆山、吴中等为代表的地区积极开掘、合理利用当地丰富的历史文化资源,形成了一批特色鲜明的文化旅游集聚区,如常熟虞山尚湖旅游度假区,昆山的周庄、锦溪,吴中区的太湖古村落等;以昆山、工业园区等为代表的地区利用文化与科技的结合,形成了一批充满活力的动漫产业集聚区,如园区国家动画产业基地、昆山动漫数字产业园等。自《苏州市文化产业示范基地评选命名管理办法》出台后,市政府于2011年8月命名了第一批28个苏州市级文化产业示范基地,形成了"国家—省—市"三级文化产业示范基地架构。

(二)品牌影响力不断扩大

苏州市遵循市场规律,通过整合资源,优化配置,着力打造五大品牌,即以"中国苏州旅游节""中国昆剧、评弹艺术节"为龙头的文化节庆活动品牌,以"苏绣""香山帮营造工艺"为龙头的工艺美术市场品牌,以"科文艺生活""四

---

① 吴蕴慧.苏州地区文化创意人才现状及培养策略[J].学园,2014(7).
② 阎立.中国苏州发展报告[M].苏州:古吴轩出版社,2009:230.

季周庄"为龙头的演艺娱乐品牌,以"评弹""昆曲"为龙头的戏曲精粹品牌,以"古典园林""吴文化"为龙头的文化旅游品牌。同时,苏州市还借助"电博会""阅读节""旅游节"等活动,宣传苏州,推介苏州。如"电博会"至今已经连续举办了14届,每年专业参观者保持在3万人左右,品牌影响不断扩大。除此,苏州还培育了一批以名企、名品、名人为代表的民营文化品牌,如"亚细亚""桃花坞""香山帮""博济"等,通过大力宣传、推介,苏州市的文化资源得到有效利用,加速了向产业转化的进程,其市场价值不断提高,市场份额不断扩大。

三、新兴领域日益拓展

(一)新兴产业发展迅猛

创意设计业是增长最快的产业,2012年苏州市确定了市级重点文化产业项目89个,其中创意设计业项目18个,数字内容与动漫业14个,共占项目总数的36%。太仓LOFT文化创意产业园立足太仓,服务苏南,对接上海,为江苏及长三角区域自主创新和产业转型升级,提供前端基础性支撑与核心推动力,形成了江苏乃至长三角区域最具特色的高端化、国际化、专业化创意设计产业外包服务基地与产业集群。江南文化创意设计产业园已吸引入驻了以装饰设计为主,涵盖广告、摄影、数码、策划、网络、电子印刷等文化产业类企业30余家,入驻率达96%,文化产业集聚度达73%,其中不乏苏州知名设计企业。园区的苏州蜗牛电子有限公司、平江区的苏州中创科技有限公司、高新区的苏州创捷传媒展览有限公司等创意企业已经在区域内确立了龙头地位。

(二)产业业态更加丰富

通过政府的引导,文化产业业态更加丰富。随着网络、数字、信息技术的发展,动漫游戏、移动多媒体等新兴文化产业迅速崛起,拓宽了文化产业的领域。2011年,苏州市动漫片创作生产数量达到30部16971分钟,位列杭州、深圳、无锡、沈阳、广州之后,居全国第六。工业园区动漫产业园获得国家广电总局最佳动画产业基地提名奖,其进驻企业士奥动画原创动漫《诺诺森林》获最佳动画中篇奖,天堂卡通的《搜救犬阿虎》获最佳导演奖,同时获得省"五个一工程"奖。影视业发展态势良好,金阊区的亚细亚集团开拍了其投资的第五部电视剧《激战江南》。常熟市完成与中央电视台合作拍摄的电影《柳如是》。广电总台参与投资拍摄了电视连续剧《中国家庭2》。一批利用苏州人文、山水资源打造的影视基地知名度不断提高,如沙家浜江南水乡影视产业基地等。

第三节　苏州文化产业发展的展望

发展文化产业是市场经济条件下繁荣社会主义文化、满足人民群众精神文化需求的重要途径,是提升城市文化"软实力"和竞争力的重要手段。当前,苏州正向着率先实现现代化的目标奋进。加快发展苏州文化产业,不仅是苏州加快建设文化强市、文化名市的必然要求,也是加快转变苏州经济增长方式,培养新的经济增长点,推动经济社会又好又快协调发展的重要实现途径。展望未来,苏州文化产业的明天更加辉煌。

一、数字文化产业是主角,文化创意产业成主流

近年来,在国家、省等文化部门的扶持下,苏州的动漫产业和影视产业的发展趋势如何?2009年以来,苏州市紧紧围绕"三区三城"建设目标,着力推进文化产业实现跨越发展。动漫游戏产业作为苏州市重点发展的新兴产业之一,目前已有工业园区国家动画产业基地、省级昆山软件园动漫数字产业基地和市级长桥动漫特色产业基地三个动漫产业基地。

以工业园区为例。2009年园区动漫游戏产业已集聚动漫、游戏及相关企业60家,年产值达4亿元,共发行1部电影、13部动画片,总分钟数9801分钟,较2008年产量增长6倍,位居全国动画基地前五强,排名全省第二。2012年,苏州国际科技园数码娱乐产业发展令人瞩目,园内苏州国家动画产业基地全年原创动画产量达16945分钟,产量排名全省第一;动漫游戏全年产值达5.17亿元,同比增长40%。数据显示,2012年苏州国际科技园内企业总产值120.1亿元,软件外包产值2.5亿美元,分别同比增长16.1%和9.7%;文化创意产业欣欣向荣,动漫游戏产品出现井喷式增长。①

由此可见,苏州文化产业发展呈现出规模化、集约化特色,上升势头迅猛。数字文化产业,尤其是苏州阳澄湖数字文化创意产业园,开创了苏州文化创意的新时代,不断满足人们的精神文化生活,是实力派投资商首选的产业投资项目。

---

① 苏州文化产业的前景一瞥[EB/OL], http://wcl.whcycyw.com/index.php?tcon=article&id=250.

二、工艺文化创意产业蓬勃发展

苏州充分发挥人文底蕴深厚、创意人才众多、制造业发达的综合优势,加快发展文化创意产业,推动"苏州制造"向"苏州智造"的转型。据悉,创意设计业是增长最快的产业,2012年确定了市级重点文化产业项目89个,其中创意设计业项目18个,数字内容与动漫业14个,共占项目总数的36%。江苏省首个工业设计创新与孵化基地——江苏(太仓)LOFT工业设计园已集聚全国领军创意企业38家,常驻园区办公的设计师逾320名。2011年,LOFT工业设计园接单量达400多单,年产值超6000万元。越是贴近百姓生活的工业创意设计,越能得到蓬勃的发展。苏州这座有着2500多年历史的古城蕴藏着大量有价值的文化遗产,小到一个精致的摆件,大到一群辉煌的建筑,苏州的产业中始终浸润着本土文化的色彩。刺绣、金砖、木刻、工艺扇……散发着诱人的光彩。苏州的工艺有太多的历史沉淀,这些古老的艺术贴近百姓生活,在苏州得以一代一代传承。吴中区香山街道舟山村的舟山核雕就是一个成功的例子。舟山核雕在当地统一包装、统一销售、统一推介等一系列文化创意包装下,竟成为一个特色产业,变幻出一条产业链,年销售收入达1亿元以上。打造苏州特色的工业创意设计产品,具有销售快、回报高、小规模、大市场的商业价值。因此,蕴含本土文化色彩的创意设计产业具有不错的发展前景。

三、树立文化品牌,扩大旅游市场

这几年,文化产业与旅游业融合发展态势加快形成,文化产业依托苏州深厚的文化底蕴和丰富的文物古迹、山水生态、水乡风情和文博等旅游资源的优势,文化休闲类旅游业发展迅速。苏州平江路文化休闲特色街和山塘街历史文化旅游街区就是成功的例子,项目依托街区内众多古宅深院和深厚独特的文化底蕴,结合现代文化创意,将具有2500余年历史的街坊民居改造成具有浓厚苏州地方特色的文化商业休闲街。

苏州还发展了特色文化旅游。以锦溪"民间收藏博物馆群"特色文化旅游产业项目为例。该项目是昆山市锦溪旅游发展有限公司近年来重点开发建设的具有浓郁地方特色兼具引进特点的精品文化旅游项目。目前,该项目已拥有中国古砖瓦博物馆、华东第一古董馆、华夏奇石馆、中华历代古钱币珍藏馆、柿园书画馆等14家民间博物馆。位于周庄古镇的传统民俗文化街贞丰街,总投资3700万元,全长100余米,设有打铁箍桶、纺纱织布、酿酒制坯、草编篾竹、绣花剪纸等十二家典型江南传统手工艺作坊,以及茶楼、书场、中药铺、老客栈、书画店等文化娱乐休闲场所,进一步满足人们对精神文化的需求,也取得了巨大的经济效益和社会效益。

  文化产业是城市发展的标杆,文化创意产业更是新苏州的力量。如今的苏州,文化产业的概念已远远不止古老艺术了。"创意资本"作为一种新型的资本形式,已成为推动苏州经济发展的重要资本要素。苏州目前正处于经济转型、产业升级的关键时期,大力发展文化创意产业,充分挖掘并发挥"创意资本"的潜力,正是促进优化产业结构,推动苏州经济实现又好又快发展的有力杠杆。

第三章 吴文化与苏州文化产业和谐共生

第一节 吴文化与苏州文化产业发展的关系

一、吴文化与苏州文化产业的关系

苏州文化产业发展的主要任务是将深厚的吴文化底蕴注入文化产业运营的过程中,进而彰显苏州文化产业的鲜明特色,提升苏州文化产业的区域竞争力,进一步加强自主创新,实现由"苏州制造"向"苏州创造"的转型。

(一)吴文化的物质成果是苏州文化产业发展的基础

文化是一个城市的生命之源,是城市发展的灵魂。文化也是持久的竞争力、凝聚力和创造力,文化优势在城市竞争中占据越来越重要的地位,也成为地区间经济竞争的比较优势和环境优势。衡量一个城市是否具有活力,要看这个城市经济的发展水平,更要看这个城市文化的承载力。当城市的经济发展到一定程度,物质文明也达到相应的水平之后,城市之间的差异将主要通过文化显现出来。一个城市如果没有它自身的文化,那么,这个城市不仅是苍白的,也是缺乏可持续发展动力的。而一个有文化积淀的城市,则像是拥有了有力的基础和支撑,经济就能够在此基础上腾飞。

苏州地处长江三角洲地区,是历史形成的吴文化中心,在这块得天独厚的土地上,先辈们以自己的勤劳和智慧,创造了举世瞩目的文化成果。从物质层面看:有被法国启蒙主义大师孟德斯鸠称为"鬼斧神工"的苏州古城及在其基础上形成的水巷风貌,有令著名爱国诗人屈原叹服的"吴歌",有巧夺天工被列为世界文化遗产的古典园林,有美轮美奂的丝绸,有名列全国四大名绣之一的"苏绣",有古朴凝重的"香山帮"建筑,有精细雅致的吴中工艺等。从文化层面看:有"百戏之祖"的昆曲,有被称为中国最美的声音的苏州评弹,有名家辈出的"吴门画派",有历史上被称为"南桃北杨"的桃花坞木刻年画等。这些光彩夺目的文化成果,既是苏州对吴文化的发展做出的历史性、代表性贡献,也是苏州对中华文化做出的独特而卓越的贡献。这些既是人文荟萃的象征,又具有文化产业的雏形,都能成为苏州文化产业的丰富宝库和成长母床,是苏州文化产业发展的宝贵财富。

（二）吴文化的精神财富是苏州文化产业发展的灵魂

文化在城市发展中占有重要地位,其精神成果更是相当于一个城市的灵魂。如果没有文化的支撑,城市经济的发展将失去力量源泉,城市的发展将失去灵气和神韵。因此,深入发掘区域文化的历史文化资源,把区域文化精神融入地区经济社会发展战略中去,才能增强区域的吸引力和竞争力。

第一,吴文化的创新精神与文化产业的创新性是一致的。

创新是吴文化的核心价值。吴人善于创新,不循旧规,这一点可以追溯至春秋时期。吴人在总结前人经验的基础上创制了几何纹饰的兵器和嵌铸剑,而且春秋晚期吴地的生产工具,出现了农耕用的青铜耨和割刈用的铜锯镰与锯钮,是当时生产工具方面的一大创造发明。文化产业必须依靠创意人的智慧、技能和天赋,与吴文化的创新内核一致。建设创新型苏州,仅靠丰富的文化资源是远远不够的,必须有创新文化和创新精神作为支撑。吴文化蕴含的创新特质、创新精神、创新品格在新的历史时期被苏州文化产业借鉴与吸收,成为推动其发展的内在驱动力。

第二,吴文化崇文重教的精神有利于创新人才的培养。

自东晋末至南北朝的近200年时间里,北方人大批向南方迁移,其中不乏一些文人墨客,如王充、严子陵、王羲之等,他们的南下为南方文化的发展与兴盛注入了新鲜的血液,使南方形成了文人云集的景象。同时,吴地丰富的藏书为文人学士研读提供了方便。明清时,仅常熟这一地区就涌现出一批有代表性的藏书家和藏书楼,如钱氏绛云楼、张氏爱日精庐、毛氏汲古阁、赵氏脉望馆、钱氏也是园等。这些藏书家兼著述、考订、编纂、出版,在学术文化多个领域都有所建树,他们不仅传承了传统文化的精神,也教育了一代代读书人,形成吴地尚文重教的风气。人的培养与教化是文化资源不断被创造与提升的巨大动力。受到吴文化的积极影响,苏州较为注重对创新人才的培养,这不仅促进了文化精神向文化产业的渗透,而且有利于建设创新型人才队伍,对加快苏州文化产业的发展无疑会起到巨大的推动作用。

第三,吴文化的开放气质与包容精神推动苏州文化产业的发展。

吴文化的开放气质与生俱来。如果当初吴地人民没有接纳太伯、仲雍带来的中原文化,也就没有所谓的吴文化。太伯、仲雍到吴地后,"断发文身","自号勾吴,荆蛮义之,从而归之者千余家,立为吴太伯"。后来,吴地人民推举太伯为王,建立勾吴国,这实际上是中原文化在江南吴地的政治翻版。吴文化,其实就是吴地人民在对土著文化的不断整合中形成的一种新的文明形态。在吴王夫差时代,有一位名叫"子游"的学者,他是孔子七十二弟子中唯一的吴国人,后来,子游北上求学,这体现出吴人主动学习中原文化的开放、包容的心态。

吴文化的发展与其对异域文化的兼容并蓄密不可分。秦统一中国以后,采取文化统一政策,并大规模移民江南。大一统的中原文化冲击着江南本土文化,但是江南人广泛地接纳北方士人与他们带来的北方文化,使得东汉以后江南的文化优势逐渐凸显。

吴文化的包容性特点,一直延续至今。苏州沧浪亭建有"五百名贤祠",用来祭祀那些历朝历代为苏州做出过贡献的人物。据统计,清道光八年(1828),祠中外来人所占比重竟达80%。如今,正是这种海纳百川的包容精神,吸引着大批外来人才不断聚集吴地,推动苏州的文化产业不断迈向新的台阶。

第四,吴文化的闲逸品性利于苏州的文化建设。

吴文化不是速成的文化,也不是匆忙的文化,而是一种闲逸的、悠然自得的文化,它体现着苏州人顺其自然、不求闻达的生活态度。闲逸品性是苏州的城市精神,从精神上看它是吴文化宽容、宁静致远的境界的体现,从形式上看是苏州人不求功利、追求个人价值的实现和重视生活品质的一种体现。文化产业发展的最终目标要符合苏州的城市精神,决不能以量大、高速、浮华为发展指标,而是要把闲逸、人本作为衡量标准。近年来,苏州正沿着建设一个"可以自由行走的城市"的方向发展,文化产业的发展必然有助于实现这一目标。苏州充分利用其丰厚的历史文化遗存,结合现代人的生活方式,发挥吴文化的闲逸品性,把苏州建成能使人们惬意生活、诗意栖居的魅力之城。

二、平衡四大关系,促进苏州文化产业与吴文化和谐发展

(一)新与旧的关系

文化产业应该立足吴文化,尊重"旧",学习"旧",在"旧"中寻找"新"意,

使得文化产业成为连接传统文化与现代市场的桥梁。文化发展本身就存在继承与发展的现象,既要有标新立异的创意,也要依托旧有的文化。如苏州各级各类的博物馆多达几十座,是吴文化的宝贵资源,虽然已有苏州博物馆,但市内仍有很多传统博物馆有待文化创意的介入改造,以提升苏州城市的文化品质。有些吴文化遗产本身就是产业,只不过与市场接轨较慢,发展迟缓,如苏州刺绣。刺绣产业的发展既要创新,又要保留传统文化的气质,苏州已在尝试借鉴与引入先进的工艺技术、设计理念对苏州刺绣进行改造,将传统的刺绣技艺与现代时尚的设计理念相结合,并通过政府组织形成苏州刺绣产业集群,走出了一条化旧为新的路子。

(二) 重点与一般的关系

文化由不同部分组成,形成一个整体。借用文化的整体思考方式,苏州文化产业的发展也要注重对文化元素的多样化吸收与借鉴,推进产业生态的多元发展与创新。文化产业作为一种文化生态,是不同产业互相支持、共生发展的,如高端生态企业与低端生态企业同时存在,前者出于创新需要或为了推广创新成果,促进低端生态企业技术创新能力的提升;同样,后者技术提升也能够有效地为高端产业提供有力的支持。这就是从文化的整体观出发来审视创意产业的综合发展。在文化产业发展过程中,有重点、有步骤地推行文化产业是必由之路,如苏州动漫产业虽然发展很快,但要重视创意产业的文化机制运行,走综合协调发展之路,文化发展的整体性视角要求动漫行业应该从出版、影视多媒体、网络游戏、品牌形象广告、玩具服饰、日用品等方面找到新的生长点。

(三) 保护与开发的关系

苏州文化产业对文化遗产的利用要建立在对文化遗产的理解和尊重上面,不能"过度消费"文化资源,不能一味榨取文化遗产的商业价值,一定要把吴文化的传承与创意产业发展结合起来,走文化与产业双赢之路。文化产业运作过程中,对吴文化遗产的开发与利用要把握"度"。如在昆曲开发与保护上,产业界把昆曲纳入商业模式之中,如"吴地人家"董事长段海飞把昆曲概念引入餐饮业,以"戏梦缘"主题餐饮与"昆曲主题店"为招牌,吸引了众多中外宾客。从商业运营上,这是对昆曲文化的创新继承,体现了可贵的文化创意,也获得了瞩目的商业成就,但它只不过是商业社会对昆曲资源的一次开采罢了。如果昆曲被商家不断开采又得不到反哺式保护,则昆曲文化的传承仍然只是噱头和空话。在创意产业对以昆曲为代表的吴文化元素的利用上面,要防止商业利益对文化利益的侵犯,传统文化资源并不能被滥用,文化遗产的"过度消费"会影响文化遗产的传承。让借鉴文化遗产灵感的创意产业获得利润后,以基金的形式反哺文化遗产的保护,不失为一条保护与开发的新路。

（四）内涵与形式的关系

吴文化可分为物质文化与精神文化。物质文化包括地理景观与民俗风貌等,如园林、古建、年画、刺绣、砖雕、丝绸、美食、苏扇等。精神文化包括吴地人们创造的作品、思想、艺术等。吴文化的物质成果固然重要,吴文化的精神财富更值得重视。吴文化的精神为开拓精神、开放精神和务实精神,对吴文化精神的开发,最大的特点就是可以多次开发和重复利用,这也为文化产业提供了广阔的发展空间。文化产业既要借鉴吴文化之形,引入吴文化多样态的物质形式与元素,又要注重学习吴文化的精神,在人才培养、产品内涵、企业品牌建设上灌注吴文化深厚的人文素养,为创意产业奠定坚实的发展基础。

第二节 汲取吴文化精髓拓展苏州文化产业发展之路

如前所述,吴文化与苏州文化产业的发展密不可分。近年来,苏州的文化产业在吴文化精神的引领下迅速发展,已初现规模,一个个独具特色的文化创意产业园如雨后春笋般纷纷建立。然而,虽然苏州文化产业的发展呈现出良好的态势,但由于起步较晚等原因,其发展依旧存在诸多问题,如较北京、上海、深圳、杭州等城市而言占全市 GDP 的比重仍旧偏低,高端人才稀缺,产业规模偏小,产业集聚效应缺失,缺乏创新性等。因此,在竞争日益激烈的国内和国际背景下,如何更好地发挥苏州独特的文化区域优势,如何充分汲取吴文化精神以拓展苏州文化产业发展之路是我们需要关注的问题。具体来说,汲取吴文化精神拓展苏州文化产业发展之路应尤其注意以下六个层面的问题。

一、努力开发和挖掘苏州丰厚的吴文化资源

吴文化源远流长,博大精深,在时间的沉淀下形成各具特色的文化形态。自春秋晚期以来,以苏州为中心的区域成为吴文化的中心地区,因此,苏州的吴文化发展颇具典型性,文化积累异常丰厚,文学、艺术、工艺、建筑等领域流派纷呈,名家辈出,为后世留下了宝贵的文化资源。一方面,昆曲、评弹、刺绣、

吴门画派、桃花坞木刻年画、苏州园林等物质成果都是苏州吴文化资源的精华部分,也是苏州文化产业赖以生存和发展的基础;另一方面,吴文化中善于创新、包容开放、自强自立等精神财富也可以对苏州文化产业的发展起到精神引领的作用。因此,我们要充分挖掘苏州丰厚的吴文化资源,将苏州传统的文化资源与现代文化产业发展有机结合起来,打造苏州文化产业发展新的经济增长点,为苏州新兴产业的发展提供更多更丰富的文化来源。

首先,我们要充分开发和挖掘吴文化中的物质资源。在过去很长的一段时间内,当西方文化大量涌入中国时,苏州优秀的传统文化却静静闲置,始终得不到有效的挖掘和开发。这对于拥有着丰厚文化底蕴的苏州而言是极为可惜的。之所以会出现这样的现象,主要是因为当时的人们对于文化资源的经济价值认识不够。文化资源再丰厚,如若得不到有效的开发和挖掘,那么对于文化产业的发展就起不到太大的作用。当然,我们所说的开发和利用文化资源并不意味着照搬照抄,而是要根据时代的特点,经过一定形式的改造后,才能真正转化为人们所喜闻乐见的文化产品。如昆曲"青春版"《牡丹亭》的改编与上演就是对传统吴文化资源的成功开发和改造,既很好地保护和继承了优秀的传统文化,又迎合了现代人的口味,促进了昆曲表演产业的蓬勃发展。

其次,我们还要充分挖掘吴文化中的精神资源。吴文化在长期的历史积淀过程中凝练出一些基本的精神,如崇尚德治精神、开拓创新精神、兼容并包精神、自立自强精神等。正是这些精神激励着历代吴地人民勤奋劳作,追求卓越,敢于争先,并将吴地建设成为全国的经济文化重心。在新的历史背景下,吴文化的基本精神也被赋予了新的涵义,成为推动苏州文化产业发展的强大精神动力。因此,除了物质成果外,我们还要努力挖掘吴文化中的精神资源,以传统苏州文化及其文化个性为底蕴,有意识地发展苏州的文化个性并以之为立足点来构思苏州的整体发展,从而提升苏州的城市形象和综合竞争力为苏州文化产业的发展构建一个有利的大环境,使得吴文化精神更好地渗入文化产业发展的每一个过程、每一个环节,支撑、引导、激励苏州文化产业的开拓创新和繁荣发展。

二、积极打造具有苏州特色的文化品牌

吴文化是一种极具魅力的文化,无论是诗词曲赋、吴侬软语这种有形文化,还是尚武崇德、开拓创新这种无形文化,都赋予了吴文的独特魅力,有着极

大的吸引力,也使苏州一度成为历史上东南沿海一带的政治、经济、文化中心,大批人才汇聚于此,大展才华。因此,吴地人民要充分发挥吴文化的文化特质,进行相应的文化建设,积极打造属于吴地的专属文化。当然,"吴文化"本身是一个较为宽泛的概念,我们平时所说的"吴地"范围较广,上海、苏州、无锡、常州、浙江等地都包含其中。同属吴文化地带的城市,在利用吴文化发展文化产业时应该有所侧重,努力打造具有自身特色的文化品牌。很多城市已经清楚地意识到这一点,并开始努力寻求自身的文化定位。如具有优越的地理优势的国际大都市上海,从国际化的视角来定位文化产业的发展,比较成功地运用创意产业园建设打造了属于自己的创意品牌,如"新天地""时空之旅""石库门""盛大网络游戏"等;而以"人间天堂"著称的杭州则着力打造"天堂硅谷""动漫之都",并依托"中国国际动漫节""西湖博览会""宋城千古情"以及阿里巴巴、淘宝网等项目和平台,打响了"杭州创意"的整体品牌。我们可以看到,杭州和上海通过不同的文化定位将各自的文化建设方向区别开来,同时又共同遵循产业品牌、行业品牌和城市品牌融会贯通、协调一致的发展方针,形成了相互交错、相互补充的发展合力,有力地推动了整个吴文化圈内文化创意产业的集聚效应,促进了吴文化的繁荣和发展。

对于苏州而言,文化产业的发展尚处于起步阶段,应该很好地借鉴上海、杭州等地较为成熟的做法,积极打造具有苏州特色的文化品牌。首先,苏州要充分发挥毗邻上海的地理优势,积极吸纳资金和人才,借鉴吸收上海文化产业发展较为成功的经验,并吸取相关教训,在此基础上探寻自身发展的出路。其次,作为吴文化圈的中心城市之一,苏州被认为是吴文化保存最为完整、最具典型代表性的城市。苏州园林、昆曲、评弹、刺绣、吴侬软语等无不彰显着苏州丰厚的吴文化底蕴。城内古色古香、园区高楼林立是人们对苏州的普遍印象,传统与现代的完美融合是苏州城市发展的定位,苏州文化产业发展的定位与之具有一致性。目前,苏州文化产业的发展也是这么做的,既有经过改造的传统产业,如周庄画家村、桃花坞产业园、镇湖刺绣产业等,也有一些蓬勃发展的新兴产业,如虎丘婚纱城、阳澄湖大闸蟹产业、苏州国家动画产业基地等。苏州文化产业的发展应该继续沿着这条路径走下去,积极打造具有苏州特色的文化品牌,努力形成自己的产业优势。

三、着力培养一支高素质文化人才队伍

文化产业的发展离不开人才的支撑,而目前苏州文化产业尤其是文化创

意产业的发展面临的最大瓶颈就是人才,很多传统的文化产业由于没有得到创新型人才的挖掘和改造,一直没有实现创新和发展。相关数据显示,自2008年以来,虽然苏州的文化产业从业人员规模在不断扩大,但总量并不算大,总增长率低于文化企业数量的增长,大约有15.84%的缺口。这表明,文化人才的培养跟不上文化产业发展的速度,所以,培养一支高素质的文化人才队伍是一项十分紧迫的任务。

教育是人才培养的关键。因此,要想培养一支高素质的文化人才队伍,一方面,必须重点发展教育。目前而言,苏州市只有苏州大学一所211综合大学,这与苏州丰厚的文化底蕴以及崇文重教的历史文化传统是很不相称的。为了苏州文化产业的发展,也为了苏州市整体的长远发展,政府应当投入更多的资金兴办教育,同时也要鼓励当地成功的企业家们致富后不忘回报家乡,投资教育,兴办高校,着力培养更多高素质人才。其中,文化人才的专门培养应放在突出位置,既要培养文化艺术的专门性人才,也要培养文化管理和经营方面的人才,从而建立较为完备的文化人才培养机制。对此,可以在已有的综合性院校内设立相应的文化艺术管理类专业,如昆曲鉴赏与表演专业、苏州园林研究与开发专业、文化事业管理专业等;也可另设专门的文化产业技术类院校,着重对文化产业发展过程中技术类专业人才进行培养。另一方面,应完善文化人才的引进和流动机制,通过采取各种灵活的优惠怀柔政策,吸引海内外优秀的文化人才来苏州施展才能,同时要构筑外来人才的创业平台,为外来人才施展抱负提供更为有利的政策环境。除此之外,还要健全完善与市场经济体制相适应的人才管理体制和激励机制,为高素质文化人才队伍的培养提供良好的制度保障。

四、在继承的基础上走创新型发展之路

在利用吴文化拓展苏州文化产业发展之路的过程中,我们还必须汲取吴文化的创新精神,处理好继承与创新之间的关系。从文化本身的含义来看,文化是一种社会现象,是人们长期创造形成的产物;同时文化又是一种历史现象,是社会历史的积淀物。因此,文化总是相对于一定的时间和空间而言的,不存在超越时空的文化。随着自然环境的改变、社会形态的更替、人们生活方式的变迁以及文化自身内在运动规律的作用,文化在不同的历史阶段以不同的形式呈现在世人面前。同时,由于文化又具有相对稳定性,有一些优秀的文

化因素在不同时代都可以发挥出其相应的价值。因此,我们在对待传统文化时要坚持历史唯物主义的观点,把握好继承与创新之间的关系,既不能全盘接受,也不能全盘否定,要取其精华,去其糟粕,推陈出新,革故鼎新。对于吴文化的现代化利用也必须遵循这样的原则,要筛选出吴文化当中较为优秀的文化,并根据当今时代的特点加以一定的包装和改造,只有这样才能使与之相应的文化产业更为大众所接受,才能在保护吴文化的基础上实现吴文化自身的创新与发展。

我们这里所说的创新实际上包含以下几个层面的意思:观念创新、体制创新和技术创新。首先,我们要创新发展理念。文化本身就是一个充满活力的社会因素,我们在发展文化产业的时候要突破保守的旧观念的束缚,敢于犯错、勇于尝试,在新的社会经济条件下积极探索文化产业发展的新路子。其次,我们要跟进体制创新。文化管理体制是影响文化产业健康发展的关键因素。政府在政策上要旗帜鲜明地鼓励创新、支持探索、宽容失败,营造一个更为宽松的创业环境,并以一些优惠政策吸引更多创新型人才迸发更强大的创新活力,让创造的源泉充分涌流。最后,我们还要加强技术创新,这是文化产业得以创新发展的又一重要影响因素。要大力发展电子信息和高新技术产业,从而为动漫产业、旅游产业等新型产业的深远发展提供更为强大的技术支持。

具体来说,走创新型发展之路就是要充分利用传统文化的积极因素大力发展文化创意产业,以创意产业推进产业转型、结构优化。随着信息技术和知识经济的飞速发展,创意型产业已成为时代的主流,没有创意就无法突破新的经济增长点。吴文化中的一些传统因素可能因为时代的变革显得有些陈旧过时,不易为大众所接受,但如果将这些传统文化因素纳入文化创意产业的发展视野,并通过专业人才的想象力和创造活动进行包装,再借以现代科学技术对传统文化资源加以提升,那么就可以实现这些传统文化资源价值的升华。因此,我们要充分挖掘和开发苏州传统文化资源,如人物、传说、工艺、民俗、名胜等,为动漫、婚纱、旅游等新兴产业的发展提供源源不断的题材。

五、积极推进苏州文化产业发展的国际化战略

文化是一个民族的精神和灵魂,是一个国家软实力的重要体现,可以深刻地影响一个国家的经济发展进程,改变一个民族的前途命运。同样,对于一个

发展中的城市而言,文化对苏州的经济发展和综合实力的影响也是至关重大的。随着我国改革开放进程的深入,苏州应该在全球化浪潮中找准自己的发展定位,积极推进苏州文化产业发展的国际化战略,加快苏州文化产业"走出去"的步伐。

2004年11月,苏州在获评中国十大最具经济活力城市的同时,还摘取了含金量最高的"年度城市"大奖。评选委员会的评语这样写道:"一座东方水城让世界读了2500年。一个现代工业园用10年时间磨砺出超越传统的利剑。她用古典园林的精巧,布局出现代经济的版图;她用双面刺绣的绝活,实现了东西方的对接。"[1]由此我们可以看到,在全新的时代背景下,在依托吴文化深厚的历史底蕴的基础上,积极深入地推进苏州文化产业的国际化进程是苏州文化产业发展的必由之路,也是苏州整体城市发展战略中的一个重要环节。

一方面,我们要采取"引进来"的发展战略,引导和鼓励民资和外资以多种方式进入文化产业。目前,苏州的部分文化产业还面临着规模较小、资金不足等问题,引入民资和外资有利于苏州文化产业做大做强,有利于增添其发展活力。2005年4月13日,国务院颁布的国发〔2005〕10号文件《关于非公有资本进入文化产业的若干决定》中明确指出,要鼓励和支持非公有资本进入文化产业的具体行业领域,鼓励和支持非公有资本从事文化产品和文化服务出口业务。决定还明确了非公有资本进入文化产业的行政审批程序。为改变苏州文化产业目前面临的规模较小、资金不足的困境,苏州相关文化职能部门应引起高度重视,降低民资、外商的准入门槛,简化相关的行政审批程序,提高办事效率,为苏州文化产业中引入外资和民资提供更为畅通的渠道。

另一方面,我们还要努力推进"走出去"的发展战略。在经济全球化的背景下,苏州文化产业的发展应充分具备国际性视野,大力拓展国际市场,努力提升文化产品的国际竞争力和世界知名度。具体来说,首先,苏州在传承吴文化的过程中,要尤其重视文化建设,加强文化产品的宣传工作,譬如举办和参加各类国际性会展,将苏州更多传统的和现代的、有形的和无形的文化产品推向世界,让更多的人认识苏州、了解苏州,并爱上具有苏州特色的文化产品;其次,在吸收借鉴世界各国文明成果的基础上,要努力提升苏州本土文化产业的

---

[1] 缪学为.苏州文化产业研究[M].苏州:苏州大学出版社,2001:320.

国际竞争力,扶持一批对外文化出口的重点企业和重点项目,培育一批文化创意产业园出口基地,鼓励引导苏州文化产业进行境外投资,积极占领海外市场;最后,要充分利用苏州的地理优势,积极加强与长三角其他城市间的区域合作,共同利用吴文化开辟国际文化市场,实现区域间的优势互补、互利共赢。

当然,我们在推进苏州文化产业发展的国际性战略的过程中,要尤其注意维护文化主权,坚持以我为主、为我所用的原则,积极抵制腐朽文化的渗透和侵蚀,完善文化产业保护体系,确保我们的文化产品在安全、稳定的环境下展现给世界。在全球化的背景下,由于文化资源的划分没有明确的行政界线,我国很多传统的文化因素一再被外国文化产业所利用和改编,并创造了巨大的经济效益,如《花木兰》《功夫熊猫》等风靡全球的动画大片。对此,我们应该保持高度警惕,努力保护我们独特的文化资源,同时更应努力提升自身的实力和水平,创新技术,加强对本土文化的利用,抢占属于我们自己的文化资源。

六、用科学发展观引领吴文化资源的生态开发

在利用吴文化拓展苏州文化产业发展之路的进程中,我们还要注意处理保护与开发两者之间的关系,用科学发展观引领吴文化资源的生态开发。科学发展观强调,我们在进行经济建设的过程中要注意以下五个协调:城乡协调、区域协调、经济与社会协调、人与自然协调、国内发展与对外开放协调。对于开发吴文化资源而言,要尤其注意其中的经济与社会协调、人与自然协调。吴文化是先民留给苏州的宝贵的文化遗产,作为后人,我们必须本着对历史负责、对子孙后代负责的原则,把吴文化资源的保护和传承放在首位,切实加强政府对于文化遗产保护的投入,鼓励社会各方力量共同做好吴文化资源的保护和传承工作。

也就是说,苏州文化产业的发展应建立在对传统文化成果的理解和尊重的基础上,不能过度消费文化资源,也不能仅仅追求文化遗产的商业价值,而是要把文化产业的发展与传统文化的保护和继承结合起来,实现经济效益和文化发展的双赢。目前,有些地方和企业对吴文化的利用太过功利化,过分注重其商业价值,而没有从根本上去理解文化、爱护文化。就拿苏州的文化旅游产业来说,近年来,大批古镇被保护和改造,名气越打越响,吸引着一批又一批国内外游客前来观赏、消费。这种做法初衷是好的,不仅有利于保护、传承吴文化,让更多外地游客领略到吴文化建筑、民俗的魅力,而且有利于苏州文化

旅游产业的蓬勃发展,打响苏州特色的文化品牌,给苏州带来极大的经济效益和社会效益。然而随着经济效益的持续膨胀,原本朴实无华的古镇成为各色小摊的天堂,垃圾遍地,河水也不再明净。有些小摊为了追求经济效益而违章搭建,破坏了古镇原有的风貌。很多游客会有这样的感觉——苏州的古镇"变味"了。类似的例子还有很多,如昆曲的过度"开采"等。对传统文化资源的保护和开发是对它进行有效传承的一种重要方式,但一旦对它进行过度消费和利用,就会破坏它原本独有的面貌,就会失去保护和传承传统文化的应有之义。因此,有一条可行的生态开发的路径是,文化创意产业在借鉴利用吴文化优秀成果并获取巨额经济利益之后,要以基金等形式反哺吴文化的保护工作,从而实现苏州文化产业的生态可持续发展。

第四章 吴文化与丝绸文化产业

概 述

苏州是著名的"锦绣之地，丝绸之乡"。相传早在公元前一千年左右的周朝，苏州地区已经开始植桑、养蚕、缫丝、织绸。据记载，春秋战国时期，吴楚两国边境的百姓为了争夺桑树、桑叶曾经引起战争，足以说明蚕桑在当时吴国的经济生活中占据了相当重要的地位。三国孙吴时期，政府奖励栽桑养蚕，丝绸产品被视为"赡军足国"的重要物资之一。西晋时期，苏州已有"乡贡八蚕之绵"。而唐代，苏州丝绸不仅产量高，而且花色品种多，呈现一片繁荣的景象。到了宋代，苏州丝绸进一步繁荣，除了官办工场外，民间也出现了较多的丝织作坊。元代，在政府种种禁令的压制下，苏州丝织工艺受到很大影响，缂丝等工艺几乎失传。明清时期，苏州丝绸工艺"重焕青春"，政府在苏州设立织造局，管理宫廷需要的丝绸生产，苏州与江宁（今南京）、杭州并列为国内丝绸生产三大中心。然而，明清时的兴盛并没有一直延续下去。随后，从近代一直到新中国成立前夕，苏州的丝绸生产奄奄一息。最好的年景，年产绸缎都只有近百万米。[①] 直到新中国成立以后，苏州传统的丝绸工业才迅速发展起来。1985年与1949年相比，市区丝绸工业职工数增长了12倍，丝织机数量增长8倍，丝织品产量增长58倍，产值增长124倍。[②]

从苏州丝绸产业的历史沿革中可以看出，丝绸文化长期以来在苏州文化中有着举足轻重的地位，对苏州经济和社会的发展发挥了重要的作用。它既是物质文化遗产，又是非物质文化遗产，是各种艺术之母，也是现代苏州的一

---

① 史新.丝绸名城——苏州[J].丝绸,1981(6).
② 杨云鹤.苏州市丝绸工业概况[J].上海纺织科技,1986(4).

张城市名片。作为吴文化的重要组成部分,丝绸文化在岁月长河的冲刷下积淀了深厚的历史底蕴,它是苏州乃至我们整个民族的无价瑰宝。近现代以来,苏州市的工业总量规模不断扩大,新兴产业迅速发展。在各类新兴技术产业的冲击下,苏州传统的丝绸业面临着巨大的挑战。在时代发展的滚滚车轮下,在转型发展的关键阶段,如何坚守自己的传统阵地,如何实现产业结构的优化升级,又如何将传统的丝织产业与文化、旅游产业的同步发展结合起来,是今天发展苏州丝绸文化产业需要考虑的问题。

一、苏州传统丝绸产业发展面临的困境

(一) 桑蚕业不断萎缩,蚕桑产出效益低下

自古以来,苏州就有"丝绸之府"的美誉,丝绸业一直是苏州最具代表性的经济支柱产业。在历史上很长的一段时期内,苏州蚕丝业高度发达,在政府政策的鼓励下,百姓纷纷养蚕植桑,发展丝绸工艺,呈现一派繁荣景象。然而,近现代以来,在长三角经济圈的带动下,苏州经济飞速发展,城镇化进程不断加快,这势必侵蚀很多植桑的农田。失去田地的人们纷纷来到城市加入工业大军,养蚕植桑的手工业因此不断萎缩。由于土地资源稀缺,桑蚕业的原料来源只能依靠外省市引进,因此大大增加了产业成本,使得原本就不高的产业效益更加低下。如今,懂得养蚕植桑的年轻人少之又少,传统的蚕桑工艺在留守农村的老人手里艰难地前行。虽然如今有越来越多的中小型企业开始重新挖掘桑蚕业的经济价值,但丝绸产业的文化和社会价值还是没有得到人们的广泛重视。

(二) 中低市场饱和,高端市场空缺

苏州传统的丝绸产品主要以服饰和配饰为主,大部分产品都是内衣、背心、睡衣以及适合中老年人的短袖衫,这些产品仅能满足人们的一般性需求。再加上丝绸易皱、缩水、褪色、泛黄等几大缺陷,丝绸制品的需求相对于物美价廉的棉布制品而言并不那么乐观。实际上,丝绸本身是一种极具舒适感、吸湿性能好和颇具保暖性的高端面料,而且它还具有独一无二的保健功能,可以防止紫外线的辐射,增强体表皮肤细胞的活力,促进皮肤细胞的新陈代谢,是当代崇尚健康环保人士的不二选择。但由于技术、管理、人才、创新等方面的限制,苏州的丝绸产业一直没能形成显著的品牌优势,国内和国际的高端市场始终被一些国外知名品牌所占据,苏州丝绸制品离高端产品还相距甚远。

(三) 产业规模较小,形式单一且缺乏特色

从苏州现有的丝绸生产企业来看,其主体模式还是单兵作战、散户经营,以一些中小型企业居多,每个企业各自为政,包揽了产品生产及销售的所有工序,产业集群和品牌优势效应得不到有效的发挥。这种小作坊式的生产方式在过去非常适用,在很长时间内也发挥过作用。然而在新形势下,这种"麻雀"式的生产方式已经落后。只有通过资金重组,转变企业生产经营模式,按照现代企业的要求组建新型集团化企业,形成一条合理分工、密切合作的产业链,才能真正实现丝织品的规模化生产。除此之外,现今很多企业生产出来的丝制品千篇一律,缺乏特色,令消费者产生视觉疲劳,激不起购买的兴奋点,这也是影响丝绸产品市场需求的重要因素。另外,苏州丝绸产业形式较为单一,如今还是主要依靠生产和出售丝制品为主,而没有更深入地挖掘它独特的文化内涵,寻找丝绸产业的新出路。

二、新形势下苏州丝绸产业面临的发展机遇

在全新的时代背景下,虽然苏州传统的丝绸产业面临着重重的发展困境,但其发展前景还是相当乐观的。随着产业链条的不断延伸,丝织品的表现形式更为多样;再加上随着生活水平的提升,人们对于丝织品的生态价值越来越认可。从这个层面上来讲,苏州丝绸服饰产业在后端最终消费品的生产开发上还是得到了一定的拓展,而且正在慢慢形成自己的产业优势和品牌效应。在健康生态理念的引领下,苏州丝绸产业势必将走得更远。

另外,政府和相关政策的支持也为苏州丝绸产业的发展提供了有力保障。国家茧丝绸"十二五"规划中第一次将苏州与杭州并列定位,即将苏州打造成"国际化的丝绸都市"。"十二五"是我国经济发展的重要转型期和战略机遇期,而文化产业已被视为我国重要战略产业来发展。作为苏州文化产业的重要组成部分,苏州丝绸产业的发展必将受到更大力度的政策支持。2012年初,苏州市政府又做出了"传承发展苏州丝绸产业,提高苏州丝绸品牌和形象,重振苏州丝绸文化的影响力"的战略部署,由市政府编制出台的《苏州市丝绸产业振兴发展规划》旨在加快产业的整体转型、改造和提升的步伐,实现苏州丝绸产业在市场经济条件下的有效振兴。① 提出围绕"做高产业、做精工艺、做大

---

① 张涛.基于"钻石模型"的苏州丝绸产业竞争力分析[J].商业文化(下半月),2012(11).

品牌、做强文化"的总体思路,切实增强产业整体竞争力,逐步恢复和提高苏州丝绸在国内外的知名度和市场地位,重振苏州丝绸产业和文化的双重影响力。这对于苏州丝绸产业的振兴与发展无疑是很大的福音。

三、苏州丝绸文化产业发展的新思路和新对策

面对严峻的国际国内形势,传统丝绸产业的改革势在必行。只有正视产业发展现实,积极应对各方挑战,更新发展观念,加强自主创新,提高技术含量,推动品牌建设,拓宽国内外市场,才能在新的时代背景下为苏州传统丝绸业开辟新的发展道路,才能让苏州丝绸产业重新焕发青春活力。具体来说,可以从以下几个方面入手。

(一)加强苏州丝绸文化建设,树立"大丝绸"理念

丝绸作为吴文化的精华之一,也是苏州文化的象征。大力振兴苏州丝绸产业,不能将其看成是一件仅仅从属于经济学范畴的事,它也是苏州文化繁荣的必然要求,是苏州整个经济社会发展必不可少的环节。因此,苏州丝绸产业的发展要注重加强丝绸文化的建设,将文化熔铸于产业,用精神锻造品牌。苏州丝绸业的发展应坚持走"苏州风",将苏州文化中的特色元素融于丝织品中,在壮大产业的同时向世界传播苏州文化和苏州理念,从而带动苏州文化的繁荣与发展。除此之外,在全新的时代背景下,苏州丝绸产业的发展已经不能局限在自身发展的小圈子里,而应该首先转变发展观念,树立起"大丝绸"的理念。所谓"大丝绸"理念,是指:苏州丝绸不应只是丝绸工业的代名词,它应该包括商贸、工业、文化、科研及一切与丝绸有关的企事业单位、产品以及相关活动。苏州丝绸应当成为以发展丝绸商贸为主体,以丝绸文化为主线,以相关丝绸加工产业链为支撑,以丝绸创新设计为引领,并与关联行业互动,与城市经济文化发展同步的重要行业。① 树立"大丝绸"理念不仅是传承吴文化的需要,也是苏州丝绸产业发展的必然趋势。于丝绸企业而言,将产业与文化、旅游结合起来,不仅能使企业摆脱目前形式单一、规模较小的困境,还有利于促进地方文化的发展,从而反过来进一步推动企业的发展。因此,建设丝绸文化旅游景区已成为当今丝绸企业新的经济增长点。作为吴文化的重要承载者和继承者,苏州丝绸产业要充分利用这一文化优势,将文化融于产业,化为品牌,

---

① 商大民.传承、振兴、发展苏州丝绸[J].江苏丝绸,2012(2).

形成融经济、文化、旅游为一体的特色产业,实现产业与文化的双赢。

(二)开拓高端市场,把高档丝制品作为开发重点

在当前中低市场饱和、高端市场空缺的形势下,苏州丝绸产业应找准自己的发展定位,稳抓中低市场,开拓高端市场,将高档丝制品作为开发重点。所谓高档丝制品,即满足人们更高层次需求的装饰用丝绸制品、高端丝绸服装以及部分奢侈品等。随着经济社会的飞速发展,人们对于服饰的需求已经不仅仅局限于御寒、保暖等基础性能,而是更追求面料的舒适、环保以及款式的新颖;装饰品、高档奢侈品等也成为人们追求时尚、满足审美等高层次需求的必然选择。苏州丝绸产业要善于抓住这一时代契机,融入时尚元素、文化元素,充分发挥自身在面料、环保等方面的优势,引进更多创新艺术类人才,加强技术创新和产品研发,寻求科研支撑,为丝绸产品注入科技含量,开发出更多更精美的丝绸服饰和丝制品,给快节奏的现代都市带来一份儒雅、一抹清凉。另外,在开发高档丝制品的过程中,苏州丝绸产业要善于打造一些具有代表性的、高品质、好口碑的知名品牌,形成品牌效应,向国际市场进军。

(三)注重丝绸文化的保护和传承,培养更多专业人才

在过去很长的时间里,丝绸文化和产业都是靠老一辈在努力抢救和传承。近几年,苏州各界已经充分意识到保护丝绸文化、发展丝绸产业的重要性。除了丝绸产业的振兴与发展外,丝绸的科研和教育也在不断跟进。如今,在苏州大学纺织与服装工程学院、苏州经贸职业技术学院、苏州职业大学和苏州工艺美术职业技术学院等,都设有专门或有关的丝绸科研教育的系、所、室和中心。其中,苏州大学拥有国内唯一的现代丝绸国家工程实验室。省丝绸协会专家委员会的9名专家中苏州占7位,国家丝绸及服装产品质量检测中心也设在苏州。[①] 依托独特的教育和科研优势,苏州应大力培养丝绸专业的高级人才,引进设计类、管理类和营销类的高水平、国际化人才,从而促进产业的结构转型和技术革新,加快与国际接轨。

(四)扩大蚕桑种植规模,加强政府扶持力度

随着苏州经济社会的迅猛发展,城镇化进程不断加快,大量植桑农田被侵占,大批农村劳动力流入城市,桑蚕业规模不断萎缩,坚守植桑养蚕的人越来

---

① 商大民.学习杭州,打造苏州"丝绸都市"之浅见[J].江苏丝绸,2013(4).

越少。丝绸产业的发展与振兴离不开原材料源源不断的供给和保障。因此，苏州传统丝绸业要想获得长足的发展，就必须扩大蚕桑种植的规模，开辟专门的蚕桑种植产业园，聘请和培养植桑养蚕的专业人员，充分利用已有的先进技术，提高生产效率，生产出更多更高质量的蚕丝。在这方面，政府部门要加强政策扶持力度，积极规划各类蚕桑创意产业园，同时要加强宏观调控，优化产业环境，实行准产证制度。对于那些生产规模小、资源浪费、产品质量差的企业，要加强监管，必要时停业整顿；对于那些生产规模较大、技术设备先进、产品质量较高但资金跟不上的企业，要给予资金上的扶持和政策性的保护。

案例一　"绸都"盛泽的新"丝"路

一、基本情况

享有中国"四大绸都"之一美称的盛泽镇位于江苏省南端的吴江市。它东连上海、西濒太湖、北依苏州、南接浙江，地理位置非常优越。又因其四周环水，河道纵横交错，加之倚傍运河，水路交通十分便利，因此自古以来就是商品交换的集散之地。盛泽一名之由来，旧说"以合路为盛泽"，或谓宋时"盛章食邑于此"而得名，两说皆无据可证。明人汤豹处有"吴赤乌初，盛斌结寨于此"之载，此说可信。1760多年前，司马盛斌率领士兵在青草滩（镇湖旧名）上建围、屯田，并且繁衍子嗣，开始栽桑、育蚕、缫丝、织绸的辛勤劳作。盛泽原本只是个小村落，居民很少，直到明嘉靖年间才发展到居民百家，以绸绫为业，始称为市。洪武二年（1369），政府课民种桑植棉，没过几年，吴江境内仅桑树就"无虑数万株"。到了清初，"丝绸之利日扩，南北商贾咸萃焉"，至此，盛泽真正跃变为"市大而形胜会"的镇。清代中后期到近现代，盛泽的丝绸业更是不断扩张，繁荣鼎盛。[①]

改革开放以来，盛泽的丝绸业获得了飞速的发展，传统的丝绸织造能力猛增了上百倍，产品从单一的真丝绸发展到人造丝、合丝、真丝、仿真等多个系列数百个品种，同时又延伸了聚酯切片、纺丝、针织、印花、涂层、服装、服饰、电脑绣花等一批产品。坐落在盛泽的中国东方丝绸市场是国内最大的纺织品专业市场之一，经营品种包括真丝绸、化纤织物、家纺制品等十余个大类、近万个品种，连续多年名列全国十大市场。[②]盛泽的丝绸不仅以量大闻名，更是以质优著称。1962年，新生丝织厂生产的美丽绸在全国的评比中获得第一名；1983年，在杭州举办的全国丝绸实物评比中，新生、新华、新联、新民四家丝织厂和吴江印染厂生产的四只真丝绸产品同时获得了第一名，震惊了全国丝绸界；在

[①] 沈蓉.江南名镇盛泽[J].东南文化，1987(2).
[②] 叶毅，吴志平，刘悦来，李鹏飞.苏州盛泽蚕桑丝绸旅游资源的开发模式和评析[J].蚕桑通报，2010(1).

之后的国家质量评比中,盛泽的丝绸产品又先后获得了三个金质奖、四个银质奖,誉满全球。① 乡镇企业异军突起后,盛泽的丝绸产量得到了快速的提高,1987 年,盛泽地区的织造产量首次突破 1 亿米;1990 年,以丝绸业为主体的盛泽乡镇工业总产值突破 10 亿元,名列全国各乡镇首位,被誉为"华夏第一镇"②。盛泽丝绸的辉煌带动了整个盛泽镇经济的全面繁荣和协调发展。盛泽镇区的面积在新中国成立之初只有 2 平方公里,后来扩展到 16 平方公里,镇区形成了"一环一纵二横"的大框架。盛泽经济开发区内织机轰鸣,"机声十里";镇区商业街内灯火通明,宾客盈门;公路上各类大小车辆川流不息,交通繁忙;盛泽人民安居乐业,生活水平不断提高。盛泽镇先后荣获江苏省先进基层党组织、群众文化先进乡镇、体育先进乡镇、苏州市拥军优属模范乡镇、科普文明乡镇、社会治安综合治理先进集体、中国乡镇之星等荣誉称号。

盛泽这些年来的巨大发展并不是一蹴而就的,除了历代盛泽人的辛勤劳作和努力坚守之外,更重要的是,在竞争激烈的市场经济体制下,在全球化的大背景下,盛泽牢牢抓住自身的区位优势,充分领会吴文化精神的现代内涵,开拓创新,兼容并包,探寻出了一条符合它自身发展规律的新"丝"路。

二、具体做法

具体来说,盛泽的新"丝"路主要包括以下几个层面:

(一) 与各大高校及科研机构形成密切合作,努力开发新技术

在发展方式上,盛泽在努力从依靠资源向依靠科技创新转变。以前盛泽丝绸产业的发展主要依赖土地和环境资源,在新的时代背景下,努力转变为依靠技术这个第一生产力。目前,盛泽正在加强与十多所高等院校的密切合作,包括与东华大学、苏州大学、浙江大学等高校的纺织科技人才形成紧密的合作关系,将高等院校和科研院所作为重要的支柱和人才依托基地;同时还加强与上海知识产权服务中心的紧密联系和合作,努力为盛泽丝绸纺织产业的发展提供强有力的技术支持和法律保障。另外,盛泽还建成了专门化的"中国盛泽纺织科技园和创意园",集企业、研究机构、设计工作室等为一体,组成了一个多功能创意服务平台,形成规模化、专业化的产业集群。除此之外,盛泽政府

---

① 盛泽丝绸[EB/OL],http://shop.bytravel.cn/produce/76DB6CFD4E1D7EF8.
② 盛泽丝绸——衣被天下[EB/OL],http://www.shengze.gov.cn/Details/101250.html.

投入了大笔资金,从德国、日本等国家引进大量先进的纺织设备,熟练掌握了熔体直接纺技术、传统织造技术和无梭织造技术等关键技术,在国内处于领先位置。

(二)构建配套的专业市场——中国东方丝绸市场

盛泽丝绸纺织产业的飞速发展还离不开与之配套的专业市场以及不断拓宽的销路。如前文所述,位于盛泽镇区的中国东方丝绸市场是国内最大的纺织品专业市场之一,也是国内最重要的纺织品集散中心、价格形成中心和信息发布中心。它始建于1986年,经过三十年的发展,目前整个市场的占地面积已经达到4平方公里,来自全国各地的6000多家丝绸商行云集场内。在政府的大力支持下,中国东方丝绸市场的各类配套设施不断完善,市场配有食、宿、运、托等多种服务设施和交通、邮电、金融等服务系统;建立了遍及国内的通汇网点;建立了快捷而安全的运输站,辟有多条专线,每天为客户将几百吨的货物运送至全国各地;另外还建构了庞大的现代信息网络系统和有线电视信息管理网络等。除此之外,市场还配备工商、税务、公安、消防和交管等管理机构,公共服务水平不断提高,连续7年名列中国纺织品服装市场第一位,并先后获得"全国文明集贸"、江苏省"十大工业品批发市场"第一名,苏州市、吴江市"文明单位"等荣誉称号。中国东方丝绸市场的繁荣极大地促进了盛泽丝绸纺织产业的发展,可以说,没有中国东方丝绸市场,就没有今天盛泽丝绸纺织业的兴盛繁荣。另外,积极拓宽销路,努力拓展市场也是盛泽丝绸业目前一直在努力的方向。以前,盛泽的丝绸企业基本都是与固定客户合作,而原有的客户群已经不能满足现在的库存消耗,因此它们也不再局限于这种模式,而是采取大面积撒网的方式,充分利用展会、网络等方式不断开发新客户。

(三)制定和完善相关产业标准,打造盛泽丝绸国际品牌

在世界经济一体化趋势不断加强的时代背景下,盛泽丝绸产业要想拓宽市场,提升知名度,就势必要努力与国际接轨,参与国际竞争,加强品牌建设和标准体系建设。2007年11月,国家商务部正式颁布《中国·盛泽丝绸化纤指数》,为企业产品开发、产业投资提供有效的数据参考,为产业发展提供预警,被业内人士赞誉为中国纺织行业的"道琼斯指数"。这一指数的编制和发布对盛泽丝绸纺织产业进军国际市场产生了非常深远的影响。此外,针对目前大量化纤类纺织品命名不规范、产品标准不完善的现状,中国绸都网与东华大学合作制定了全国第一个《中国纺织面料编码(试行)》。这一标准是对化纤纺

织品规格和定义规范化的有益尝试,盛泽越来越多的企业参与到标准的制定中,积极扩大盛泽丝绸纺织业的国际影响,努力让盛泽的产业标准成为国际标准,成为企业共同的追求目标。

(四)注入蚕桑文化,实现工业发展与旅游资源的有机结合

蚕桑文化作为吴文化的重要组成部分,为盛泽提供了丰富的旅游资源。在如今"大文化"的背景下,将产业与文化、旅游有机结合起来已经成为产业发展的新"丝"路。盛泽的蚕桑业有着悠久的历史,蚕桑业的兴衰本身已构成吴文化不可或缺的部分。除了代代相传的丝绸产业,盛泽还留下了许多与蚕桑有关的名胜古迹和特色文化,名胜古迹如先蚕祠、白龙桥、庄面、济东会馆等,特色文化如小满戏、盛泽丝绸文化节、吴江七都木偶昆曲艺术、吴江芦墟山歌等。这些宝贵的旅游资源是盛泽蚕丝业兴盛和变迁的见证,与盛泽丝绸产业的发展有着千丝万缕的联系。新时期,盛泽丝绸业充分利用自身的资源优势,通过开发蚕桑丝绸旅游资源,利用旅游拓展市场,进一步提升自身影响力,并收到了良好的经济效益和社会效益。如位于盛泽镇的江苏华佳投资集团,是目前国内唯一一家集蚕种繁育、丝茧育、缫丝、捻丝、织造、印染、服装设计、内外贸于一体的集团型高档丝绸产品生产企业。在与盛泽镇政府和一些高校的合作下,江苏华佳集团在盛泽镇开发蚕桑丝绸旅游资源,2007年,集团以创建吴江"丝绸工业旅游"为契机,创建了以弘扬丝绸文化、展现桑蚕丝绸产业、提升当代丝绸产品为目的的"丝博园"项目,一期工程于2009年5月开始接待游客,三个月内游客的数量就达到一万多人次,形成了特色鲜明的乡村旅游和工业旅游结合模式。① 华佳丝博园是一个集桑蚕农耕文化、古丝绸文化、现代化丝绸创意文化为一体的综合旅游景区,它把特色鲜明的乡村旅游模式和丝绸工业旅游结合起来,是华佳集团转型升级,增加新的经济增长点,向生态高效、科技支撑型企业发展的重要途径。该项目已成为吴江文化产业的新名片、丝绸之乡的新亮点。

(五)建立纺织后整理示范区,保证产业的可持续发展

盛泽丝绸纺织产业发展的另一大亮点就是走节能环保路线。为了保证产业的可持续发展,保障居民的健康安全,盛泽镇政府建立了盛泽镇纺织后整理

---

① 叶志毅,吴志平,刘悦来,李鹏飞.苏州盛泽蚕桑丝绸旅游资源的开发模式和评析[J].蚕桑通报,2010(1).

示范区。该示范区淘汰了落后的涂层工艺和设备,实行统一供热,设立废气回收装置,每年可节约标煤 6 万多吨,回收甲苯溶剂 1 万吨,减少烟囱 150 多个。同时,政府鼓励企业自建净化处理设施,推进治污设备的更新升级,严格控制排污总量。在各方的共同努力下,盛泽在长久保持丝绸产业快速发展的同时,也没有对环境造成太大的破坏,实现了产业与环境的和谐发展。

总之,在发展过程中,盛泽尤其注重纺织产业集群建设,大力推进产业升级和结构调整,加强产业自主创新能力,提升产品的质量和附加值,积极开拓国内外销售市场,为将自身打造成中国纺织产业的生产中心、研发中心和集散中心而不断努力。

三、经验与启示

(一) 推动校企合作,加强技术创新

过去,大部分产业的发展和成长主要依靠环境资源和人力资源。在新的时代背景下,不论是丝绸产业抑或是其他产业,都必须转变发展思路,从单纯依赖资源向主要依赖技术创新转变。任何产业要想实现技术创新,势必要推动校企合作,并加强与相关科研机构的密切联系,研发并掌握相关领域的最新技术,并应用到生产实践中去,从而为产业的发展提供源源不断的技术支持,使产业始终能保持蓬勃向上的活力和向前发展的势头,在日益激烈的市场竞争中形成自己的竞争优势。在这一点上,盛泽的做法给了我们很大的启示。无论是在与高等院校、科研院所的合作方面还是在先进技术的引进方面,盛泽都做出了很大努力,构建了专门的创意产业园,形成了设计—研发—生产环环相扣的产业链,将盛泽的丝绸产业打造成专业化、规模化的产业集群。

(二) 构建专业市场,积极拓展销路

产业的发展除了加强技术创新、提高产品质量之外,更重要的还在于市场的开拓。盛泽镇政府清楚地看到了这一点,大力支持丝绸专业市场的构建,终于造就了中国东方丝绸市场今日的繁华和兴盛。中国东方丝绸市场是盛泽丝绸产业对外展示自身风采的重要窗口,同时也是盛泽丝绸产品对外销售的重要平台。仅仅局限于几个固定客户的传统销售方式已经不能满足如今大生产化的需要,构建配套的专业化市场,提供规模化、正规化的销售平台是现代产业发展的必然趋势。另外,还可以通过举办展会、宣讲会等形式进一步加大产品的宣传度和影响力,通过广撒网的方式拓宽产品的销路。除此之外,还应顺

应时代潮流,充分抢占网络阵地,拓展网络市场,开拓产业的电子化销路。

（三）加强品牌意识,打造国际影响

盛泽丝绸产业在经过历代先辈的传承和发展后,已经形成了独特的盛泽品牌,并在此基础上不断探索,走出了颇具盛泽特色的新"丝"路。在保证产品质量的基础上,盛泽不仅把国内市场作为战略定位,更是把眼光放到了国外市场。在经济全球化的大背景下,谁能敏锐而果断地抓住时代机遇,谁才有可能获得更为开阔的发展空间。任何企业要想做大做强,都必须着眼于国内和国际两个市场,努力提升产品质量,形成自身的品牌优势,加快步伐走出国门,走向世界。

（四）注重节能环保,推动和谐发展

盛泽的成功离不开可持续发展理念的贯彻和执行。工业的发展与环境的保护虽避免不了冲突和矛盾,却并不是水火不容的关系,只要坚持走绿色环保路线,就能把对环境的破坏程度降到最低。在各方的共同努力下,盛泽建立了纺织后整理示范区,在发展壮大丝绸产业的同时尽量减少了对生态环境的破坏。因此,任何产业在发展的同时一定要有长远的发展眼光,尤其要注重节能环保,及时淘汰落后、污染严重的设备,添置净污设备,设立废气、废水回收装置,推动产业与环境的和谐发展。

【思考题】

1. 请谈谈"绸都"盛泽的新"丝"路新在何处。
2. 你认为盛泽丝绸产业在平衡产业发展与环境保护方面可以给我们带来什么样的启示?

案例二 "丝绸之市"震泽的特色产业

一、基本情况

素有"丝绸之市""太湖蚕都""江南丝国"美称的震泽地处吴江市西部,位于太湖之滨,与浙江湖州市毗邻,被称为"吴头越尾",是一块钟灵毓秀、人杰地灵的宝地。"震泽"一词实则是太湖的别称之一,有诗云:"太湖湖水连天阔,中有灵区吴震泽",足以见震泽地理位置的优越性。震泽的母亲河頔塘河穿镇而过,哺育着小镇的百姓,同时也滋养着震泽的蚕桑业。江南一带自古盛行养蚕植桑,震泽地区尤为典型。早在唐朝时期,吴江地区的百姓就用本地所产的蚕丝织成吴绫向朝廷充贡。到了明代,朱元璋大力提倡发展民间丝织业,震泽成为我国蚕丝的重要产区之一。清末,震泽人将辑里丝加工摇制成辑里丝经,出口日本和欧美,震泽的丝经业与当时南浔的丝经商合称"浔震帮"。明清时期,震泽出口的蚕丝一度达到5400担,占当时全国总出口量的十五分之一,足见当时震泽纺织蚕桑业的兴盛。到清朝雍正时期,震泽镇甚至一度成为震泽县,这在历史上也是绝无仅有的。20世纪20年代,"丝绸之母"费达生在震泽頔塘河畔建立了第一座缫丝厂——震泽震丰缫丝厂。

蕴含着如此丰厚文化底蕴的震泽在历史的光耀面前并没有停下继续前行的脚步。改革开放以来,震泽政府对全镇的经济和社会发展方向进行了准确的定位,努力将震泽建设成为"经济强镇、商贸重镇、文化大镇、旅游名镇、中心城镇",并且也收到了不错的成效。震泽蚕桑丝绸产业经过20年的发展已经初具规模,先后获得了"中国蚕丝被之乡""中国蚕丝被家纺名镇""江苏省品牌集聚地""苏州市优质产品生产基地"等荣誉称号。如今,震泽蚕丝业生产企业多达200多家,位居苏州市之首,并形成了"太湖雪""慈云""辑里""山水""丝立方"五大知名品牌;丝绸出口量也达到国内出口量的15%以上,在国际上已经具有一定的影响力。2015年3月12日,是一个让震泽丝绸产业无比自豪的日子。当天,第27届中国丝绸交易会在上海新国际博览中心举行。来自震泽的9家丝绸企业抱团参展,不仅展示了震泽蚕丝家纺产业的优秀产品,更展示了震泽丝绸文化的深厚底蕴,进一步提升了震泽丝绸的知名度和影响力。在本次展会上,震泽的"太湖雪"被中国纺织商业协会授予"中国十大丝绸品牌","丝立方""慈云""山水""辑里"和"丝之源"等品牌被授予"中国优秀丝绸创新品牌"。近年来,震泽产业异军突起,形成了年产值10亿元的蚕丝产业集群,构建了"太湖雪""丝立方""山水""慈云""辑里""五朵金花"带众多"小花"的发展模式。① 震泽蚕丝业的巨大发展并不是偶然的,它始终坚持以特色为先,努力打造自己的产业特色,拉开与其他相似区域的差异,走出了一条属于自己的发展道路。

二、具体做法

(一)创建"中国蚕丝被之乡"

与其他同类的蚕桑业较发达的城镇相比,震泽的特点在于它主攻蚕丝被的生产与经营,并打出了自己专属的品牌。现在只要说起蚕丝被,人们便会想到震泽。2007年12月,在专门人员实地考察了解震泽蚕丝被的情况后,震泽被中国纺织商业协会授予"中国蚕丝被之乡"的美称,震泽一时名声大噪,家喻户晓,震泽的蚕丝被产业更是在这种鼓舞下加快了发展的脚步。如今在震泽,大大小小的蚕丝被企业已有100多家,蚕丝被年生产能力达到300多万条,占全国蚕丝被市场的20%。蚕丝被产业不仅成为震泽富民强镇的支柱产业,同时也形成了颇具影响力的区域特色经济和文化产业优势。

震泽蚕丝业的历史源远流长,从一些考古文物可以推断,震泽地区的育蚕缫丝始于新石器时代后期,有着6000多年的历史。在如此深厚的历史积淀下,震泽的蚕丝生产和加工技术越发炉火纯青,这为震泽蚕丝被的兴盛奠定了重要的技术基础。从20世纪80年代开始,震泽兴办了几家丝棉厂,用机器取代了手工剥茧拉丝。自此,震泽的蚕丝被慢慢地进入产业化的生产轨道,蚕丝被的制作工艺也逐步得到改良,从选茧、煮茧到拉丝都采用了新技术,使得蚕丝被的生产逐步告别家庭小作坊式的生产模式,步入规模化、产业化的生产道路。三十多年以来,在各方的共同努力下,震泽蚕丝被的生产从养蚕到抽丝,再到制棉片、翻制,以及被套、枕套等各类床上用品的生产,逐步形成了一条较为完整的产业链。

---

① 震泽蚕丝文化闪耀中丝会[N].苏州日报,2015-3-13(A04).

震泽蚕丝被产业的发展还有一个特色,那就是凝练出了"慈云""太湖雪""山水""辑里""天堂丝""丝之源"等震泽独有的知名品牌。其中,"慈云"是震泽蚕丝被产业的引导者。在全国著名蚕丝专家费达生先生的帮助下,"慈云"从一个小作坊蜕变为一个专门化、产业化的大公司。这一路走来,除了开创者们的坚守之外,更重要的在于"慈云"对质量保证的承诺与践行。自创办以来,"慈云"品牌从未接到一例质量投诉。这种对质量的追求、对客户的诚信也是震泽整个蚕丝被产业成功的秘诀之一。除了对产品质量的严格把关之外,"慈云"蚕丝被的成功还有一个秘诀,那就是坚持创新,永不止步。传统的制作工艺固然精湛,但若只是执着于传统技术的传承和保护,则会固步自封,失去活力。因此,蚕丝被行业要想在选择多元化的当代社会赢得一席之地,就必须与时俱进,不断创新。"慈云"品牌就做到了这一点。其创始人沈福珍女士在反复试验下终于研究出新型的"泼湿煮茧法",克服了传统蚕丝被易板结的缺陷,在蚕丝被行业掀起了一场革命。另外,沈福珍女士还发明了"全幅平面,阡陌纵横,千层网叠,丝丝入扣"的蚕丝被制作手艺。除此之外,在团队的共同努力下,"慈云"还研制出了可水洗的轻薄蚕丝被,使得人们夏天也能用上轻薄透气的蚕丝被,进一步拓展了市场。如今,"慈云"在全国各地已有数百家连锁专卖店,"慈云"所用的蚕丝在每次抽检中都符合国家标准中的优等品标准。2013年,苏州慈云蚕丝制品有限公司被苏州市人民政府认定为"实施商标战略示范企业",这在蚕丝被行业是史无前例的。"慈云"的成功只是震泽众多蚕丝被品牌的一个缩影,它的企业精神就代表了震泽精神。

震泽蚕丝被一直领跑蚕丝被行业,它的成功离不开政府在产业布局和政策引导方面的积极努力。打造特色产业、品牌产业和富民产业是震泽蚕丝业一直在努力的方向。

(二) 打造"蚕丝文化创意产业园"

盛泽古镇历史悠久,古迹众多,有始建于三国孙吴赤乌年间的有着1750多年历史的"古镇第一塔"慈云寺塔;有占地2700平方米的全国重点文物保护单位"江南第一堂"——师俭堂;有始建于清乾隆三十六年(1771)的"飞阁风帆"文昌阁;有为纪念大禹治水而建造的禹迹桥;有为纪念范蠡建造的思范桥;还有著名古风街宝塔街等等。所有这些都构成了震泽丰富的文化旅游资源。因此,除了蚕丝被产业外,震泽还在努力打造一座实物坐标——"蚕丝文化创意产业园",努力践行"一丝兴三业"的发展构思,即"一片桑叶、一根丝线、一条蚕丝被、一个蚕丝产业"串起震泽镇的生态游、工业游和古镇游三大旅游旋律,从而将震泽的蚕丝产业与文化旅游资源有机结合,共同繁荣。具体来说,"十二五"期间,震泽以震泽省级湿地公园规划区为载体筹建蚕丝文化创意产业园,内设"两园三馆一基地",即现代化蚕桑农业科技示范园、蚕桑文化休闲游乐园、费达生纪念馆、蚕丝创意产品展示研发馆、蚕丝产品电子商务馆、蚕丝文化青少年科普教育基地六大板块,促进生态旅游与蚕丝文化的有效整合,实现小镇的多元化发展,着力打造国际知名的蚕丝被家纺名镇。

1."两园"——蚕桑农业科技示范园、蚕桑文化休闲游乐园

桑蚕农业科技示范园主要以绿色和健康为主题,打造万亩桑树林,建设桑蚕育种改良实验基地。除了植桑养蚕外,示范园还设鱼塘、鸡舍、羊圈等多种养殖配套设施,丰富农业经济的形式,提高经济效益。另外,桑蚕农业科技示范园还注重开发桑蚕的衍生产品,如中药、桑葚酒、蚕沙枕头等,努力提升产品的附加值。

蚕桑文化休闲游乐园以蚕丝文化为主线,拉动震泽的文化旅游产业,主要集古镇风情游览、蚕丝文化传承、农家生活体验、时尚趣味娱乐为一体,设有花艺馆、农家乐园、渔乐区、生态公园等休闲娱乐场所,使游客能暂时远离现代大都市的浮躁,尽情地拥抱大自然,享受农家田园之乐。

2."三馆"——费达生纪念馆、蚕丝创意产品展示研发馆、蚕丝产品电子商务馆

费达生是江苏吴江人,她的一生都献给了家乡的蚕桑丝绸业,她用自己毕生的努力为震泽的桑蚕业,乃至整个中国的桑蚕业的发展做出了不可磨灭的贡献,被人们尊称为"中国丝绸之母"。可以说,她在中国桑蚕丝绸业发展历史上留下了浓墨重彩的一笔。震泽申报建造费达生纪念馆具有深刻的历史意义和教育意义,能帮助人们更好地了解震泽桑蚕文化的历史,学习先辈们的奉献精神,更好地传承先辈留给我们的宝贵财富。

蚕丝创意产品展示研发馆是震泽向世人展示其深厚的蚕桑文化底蕴和先进的蚕丝文化产业的重要窗口。如前所述,震泽的蚕丝被产业已经发展到了一定的规模,取得了一定的成效,在创新精神的引领下不断推出新工艺和新产品。这些新工艺和新产品是震泽历代人智慧和心血的结晶,代表了震泽蚕桑技术的发展水平。这些新工艺在展示馆展出后,可以把震泽的新理念传递给大家,使人们能够更直观地了解震泽的桑蚕丝绸业。同时,研发馆还建立有蚕丝产品质量检测中心和研发中心,鼓励和带动企业不断推陈出新,革故鼎新。

蚕丝产品电子商务馆则适应了时代的潮流,推出了桑蚕丝产品的一站式网络购物,为人们提供了更多便捷。未来几年,这个电子商务平台将会被建设得更加系统化、专业化,进一步拓展震泽蚕丝产品的网络市场。

3."一基地"——蚕丝文化青少年科普教育基地

蚕丝文化青少年科普教育基地是震泽蚕丝文化创意产业园的另一大亮点。在这里,参观者不仅可以了解蚕桑丝绸产业的发展历史,还可以亲自观摩和体验种桑、养蚕、缫丝、织布、缝衣、制被等具体的工业制作过程,实现与桑蚕丝的零距离接触。这一基地以独特的桑蚕丝文化为主题,具有明显的教育意义和实践意义,可作为青少年科普教育、社会实践的基地。

三、经验与启示

(一)打造产业优势,主攻特色产业

在历史上,江南一带以桑蚕产业发家的小镇不止震泽一个。在日益激烈的市场竞争下,如何在同类产业中走出自己的特色,形成自己的优势,是每一个现代产业的管理者都应思考的问题。在这一点上,震泽给了人们很大的启示。结合产业的历史特点,震泽制定了自己的战略方向——专攻蚕丝被的生产与经营,获得了"中国蚕丝被之乡"的美称。震泽的成功经验告诉我们,在纷繁复杂的市场环境中一定要站稳自己的阵脚,找准自己的产业优势,集中精力主攻特色产业,努力从同类产业中脱颖而出;同时要避免"大杂烩",产品的覆盖面不宜过大,要实现从"广"到"精"的转换。如果各个产业都能做到发展各自的优势产业,那么同类产业之间的激烈竞争就不再是阻碍产业成长的大问题,每个产业都可以找准自己的特色,实现错位发展,这也是产业发展最理想的情况。

(二)专注做大做强,打造知名品牌

长久以来,震泽蚕丝被产业始终专注于做大做强。在长时间的积淀和几代人的共同努力下,终于凝练出了"慈云""太湖雪""山水""辑里""天堂丝""丝之源"等属于震泽独有的知名品牌,形成了自己的品牌优势。这些曾经的小品牌之所以能够成为现今的国内外知名品牌,与其质量保证、坚持创新的企业精神密不可分。企业精神就是整个企业的灵魂,也是产业发展能否形成品牌、走向世界的关键。因此,在打造品牌的过程中,一定要注意企业精神的锻造。品牌是整个产业的风向标,以品牌来引领产业的发展,势必会带动整个产

业积极向上。近年来,这些品牌经常抱团参展,形成了"五朵金花"带众多"小花"的发展模式,以强劲的综合实力不断提升震泽丝绸在国内外的知名度和影响力,着力打造具有震泽特色的品牌优势。因此,区域产业发展要想在同类产业中脱颖而出,势必要找准自己独特的资源优势,扩大生产规模,努力打造产业集群,着力培养品牌企业,以知名品牌的辉煌带动整个产业的崛起。

(三)挖掘文化底蕴,开发生态旅游

震泽的蚕丝文化创意产业园践行了"一丝兴三业"的发展构想,将震泽的蚕丝产业与文化旅游资源有机结合,从而使得震泽镇的生态游、工业游和古镇游有机地串联在一起,实现了共同繁荣。"两园三馆一基地"的设立,不仅向游客充分展示了震泽蚕丝产业源远流长的历史,而且让游客充分感受到震泽蚕丝产业中蕴含的深厚的蚕丝文化底蕴。基地一方面传承了深厚广博的蚕丝文化,实现了文化效益,另一方面以文化为平台展示了产业风采,实现了经济效益。另外,震泽还开辟出全新的生态旅游路线,创建蚕桑农业科技示范园和蚕桑文化休闲游乐园,使得游客能近距离体验农家生活,尽享田园之乐,符合现代人的心理需求和消费需求。震泽的经验启示我们,将产业的发展与生态旅游相结合是当今产业发展的大趋势。如今的产业要想做大做强,就不能再单单局限于传统的生产经营,而是要善于深入挖掘产业内在的文化底蕴,努力创造平台,将产业文化展示给大家,并通过生态旅游、文化旅游等形式使消费者能近距离地接触和感受产业文化,从而对产业加深了解,形成好感,并在潜移默化之中加强产业的宣传,拓宽产品的销路。

【思考题】

1. 震泽的蚕丝文化创意产业园将古镇旅游、工业旅游与生态旅游融为一体,这给我们文化产业今后的发展方向带来怎样的启示?

2. 结合实际,谈谈在文化产业发展过程中如何找准自身的发展特色,开辟全新的发展路径。

案例三 苏州丝绸文化博物馆的"丝绸之路"

一、基本情况

党的十六大报告中要求"积极发展文化事业和文化产业",第一次明确提出了"文化事业"和"文化产业"分类发展的概念。在新形势下,文化事业和文化产业不再是划清界限、单独发展,它们都是社会主义文化建设的重要组成部分,二者相互联系,和谐共生,相辅相成,共同发展。博物馆在性质上属于公益性文化事业单位,是为公众提供服务的,原则上不能实行产业化和营利性运作。长久以来,博物馆事业的发展主要依靠政府及社会的支持和赞助,这在保证博物馆纯正公益性的同时也导致了一系列问题,如资金不足、设备落后、形式单一、缺乏活力等。在市场经济条件下,博物馆行业在不断探索着促进自身发展的新路子。作为文化事业单位,博物馆确实应该把握为公众服务的大方向,但这并不意味着不能从事经营性活动,或者不能利用自己所拥有的馆藏资源提高自身的运营效率、支撑自己的发展。事实上,在博物馆进行文化旅游产业开发具有非常重要的意义。博物馆本身拥有丰富的文化资源,是文化产业形成和发展的重要基础。博物馆可采用"一馆两制"的运作方式,即文化事业和文化产业两种方式同时运作——在文物的保护、研究和展示方面依旧采取传统的文化事业方式运作,而在文化商品的销售等其他方面可采取文化旅游产业的方式运行。这样,既可以满足游客的观赏需求,又可以拉动其他相关产业的发展,提升文化产业的实力。

苏州丝绸文化博物馆就是新形势下诞生的一座将文化事业与文化产业巧妙结合起来运营的新型博物馆。它是我国第一座丝绸专业博物馆,是弘扬我国丝绸文化、展示苏州丝绸工业发展历史和现状的重要平台。苏州丝绸文化博物馆坐落在苏州北寺塔风景区内,占地8200平方米,建筑面积4200平方米。整座建筑端庄典雅,新颖别致,将古老文明与现代风格有机地融合在一起。其建筑的主题是"丝绸之路",即把握古代丝绸之路与现代丝绸城的历史性联系,反映东西方文化交流的开放意识。苏州丝绸博物馆是丝绸精品的宝库、丝绸知识的海洋,还是丝绸科研开发的实体,不仅为姑苏增添一景,而且是文化旅游的好去处。① 丝绸博物馆主要由序厅、古代馆、蚕桑区、织造坊、姑苏锦苑、中厅以及丝绸专卖店七部分构成,兼具收藏保护功能、宣传教育功能、科学研究功能、休闲娱乐功能和文化旅游功能。事实上,苏州丝绸博物馆的建成不是一蹴而就的,而是经历了一番努力和波折。它的最初筹建可以追溯到1981年春,在苏州市政协第六届委员会第一次会议上,市政协常委、我国著名丝绸专家、高级工程师钱小萍呼吁当代人有责任将苏州祖先创造的优秀技艺继承下来,发扬光大。其后,经过多次社会调查,创建苏州丝绸博物馆逐渐被提上议程。然而,经历"文革"洗劫后的中国百废待兴,在缺乏资金和场地的困境下,钱小萍四处奔波筹措资金,克服了重重困难,终于凑齐了建设博物馆的经费。② 苏州丝绸博物馆在其发展历程中经历了不少具有历史纪念意义的大事:1988年10月至1989年10月,完成与中国历史博物馆(原国家博物馆)合作的国家文物局"复制商代、战国及两汉丝制品"项目;1989年,苏州丝绸博物馆先期在桃花坞唐寅祠内正式开馆,成为我国第一个具有专业性质的丝绸博物馆;1990年11月至1994年10月,完成与中国历史博物馆(原国家博物馆)合作的国家文物局"唐代丝绸文物珍品"项目;1991年,"复制商代、战国及两汉丝织品"项目获国家文物局科技进步三等奖,同年9月20日,新馆落成,举行新馆开馆典礼;1995年,"唐代丝绸文物珍品"项目荣获国家文物局科技进步一等奖;1999年1月至2002年4月,完成苏州市科学技术委员会"全真丝仿古面料、服饰品研究与开发"项目,获江苏省科技进步三等奖;2010年10月,中国工艺美术学会织锦专业委员会2010年年会在苏州丝绸博物馆举行;2011年5月,"追忆——苏州百年丝绸"座谈会在苏州丝绸博物馆召开。③ 如今,苏州丝绸博物馆已经初步形成了社会效益和经济效益双丰收的良性循环,显示出它越发蓬勃旺盛的生命力。

二、具体做法

(一)以"丝绸之路"为主线,创新陈列方式

苏州丝绸博物馆之所以能够博人眼球,赢得声誉,很重要的一点就在于它

---

① 走进丝博[EB/OL],http://www.szsilkmuseum.com/aboutus/?type=detail&id=5.
② 丁怀进.传承历史,展望未来——苏州丝绸博物馆的昨天、今天与明天.江苏丝绸,2012(1).
③ 大事记录[EB/OL],http://www.szsilkmuseum.com/aboutus/?type=detail&id=4.

的独树一帜。在整体建筑和布局上,苏州丝绸博物馆紧紧围绕"丝绸之路"这个主题。博物馆的整体色调就以白色为主,白色即丝绸的本色。走进博物馆的大门,可以看到有一条横贯东西的"丝绸之路",与贯穿主楼南北的全封闭现代化白色墙面相交。墙面在入口处自然曲折,象征丝绸的柔软、飘逸,墙前还屹立着采桑女、浣纱女、织绸女三尊亭亭玉立的汉白玉雕像,给整个场馆增添了一丝灵动美。苏州丝绸博物馆的文物陈列方式别出心裁,几乎每个展厅都采用了不同的表现形式,尤其是复原陈列法的巧妙使用,具有极强的艺术感染力。沿着"丝绸之路"一路走下去,可以看到两边有古塔、古城关以及郑和下西洋的古船的模型,还有一组骆驼的雕塑,它们正背负着丝绸缓缓地由东向西行进,似乎在不经意间把游客的思绪也带回了遥远的古代。序厅中央石壁上刻着的"蚕、桑、丝、帛"四个甲骨文字不仅生动展现了我国作为丝绸古国的辉煌历史,也鲜明地概括了苏州丝绸博物馆的全部内容。这种复原陈列的方式比刻板生硬的语言文字更富感染力,引人入胜,使人一目了然。"蚕桑居"则是近代农家养蚕植桑的真实情景的再现,从漫步桑园到观看养蚕抽丝的过程,游客能近距离触摸蚕桑文化,增强了观赏的真实感和生动性。另外,"近代馆"也采用了复原陈列的方式,一家家挂着"老字号"招牌的古代丝绸店铺陈列街道两旁,游客步入其中,宛如真的穿越到了明清时期的苏州丝绸古街,令人浮想联翩。除了复原陈列法,苏州丝绸博物馆还采用了极富感染力的动静结合陈列法。走进"织造纺",可以观赏到不同朝代、不同类型的古代织机的手工操作表演,身着古装的织女们作现场表演;另外还有如手工缫丝、缂丝、刺绣、调丝等各类古代丝织技艺的表演项目,游客不仅可以观赏,还可以参与甚至互动。如此真实的体验感,使得游客仿佛真的置身于明清时苏州丝绸业"东北半城,万户机声"的繁荣境地。这种极富感染力的陈列方式在中外现有的博物馆中也是很少见的。

(二) 开发文化旅游资源,打造多功能博物馆

博物馆本身拥有着丰富的文化资源,它不仅是一座科学的殿堂、一部立体的教科书,还可以深入挖掘自身的文化旅游资源,成为老少咸宜的旅游胜地。以前,博物馆大多只具备收藏和教育功能,以单调的橱窗展览方式陈列文物,这在一定程度上挫伤了人们进入博物馆学习科学知识、接受文化熏陶的积极性。如若博物馆在建筑上增加美感,在布局上增强设计感,同时辅助开发第三产业及其相配套的设施和服务,想必能增强其文化娱乐和经营服务功能,实现

向多功能方向发展。苏州丝绸博物馆就是朝着这个方向努力,并取得了一定成效。苏州丝绸博物馆包含的内容非常丰富,从丝绸专业的角度看,它包罗了植桑、养蚕、缫丝、织绸、印染、服装等一系列内容以及缂丝、刺绣等丝绸工艺方面内容,设立的部门有蚕桑居、桑园、农家、织造坊、小型生产工厂等;从文化博物馆自身的角度看,它具有文物征集、清洗、保管、陈列、展示、复制等内容,设立的部门有陈列保管室、库房、资料室、清洗室、文物复制工厂等。除此之外,苏州丝博馆还创新性地开发了与之匹配的第三产业,并设立了相关配套设施,如饭庄、旅游纪念品商场、多功能厅等,从而开发了博物馆诸如生产、开发、购物、餐饮、娱乐等方面的文化旅游功能。① 在国家投入经费不足的情况下,苏州丝绸博物馆跳出了传统的运行模式,找到了适合自己生存的新途径,通过多渠道提高自身的经济效益,努力实现自力更生。深入挖掘开发文化旅游资源使得苏州丝博馆成为如今中外游客参观购物的旅游胜地;另外,在各方的努力下,现代馆已经成为展销结合的场所,即"锦绣苑",成为各大丝绸厂、服装厂进行展销的重要平台和窗口。苏州丝博馆朝着多功能方向不断发展,实现了社会效益和经济效益的和谐发展。

(三) 积极举办对外展览,注重国际化交流

除了加强自身建设之外,苏州丝博馆的眼光并没有局限在国内市场,而是放眼世界,加强国际性交流。苏州丝绸博物馆多次单独或与其他博物馆合作应邀去世界各地展出,足迹遍布了法国、德国、英国、意大利、美国、日本、加拿大等十几个国家和地区,受到了当地民众的热情欢迎。1988年4月至10月,日本奈良庆祝建市200周年,举办"丝绸之路博览会",中国历史博物馆(国家博物馆前身)应邀赴该市举办"中国古代科技展",其中纺织部分主要展示苏州丝博馆提供的云锦织机现场操作和部分丝绸文物。1992年春夏,苏州丝绸博物馆随中国科技协会展团赴台举办"敦煌古展",成为第一个由大陆民间机构组织赴台交流的项目,开创了两岸文化交流的先河,具有深刻的民族和文化意义。2001年,苏州丝博馆应邀赴新加坡举办"丝绸文化展"。2005年5月,在苏州工业园区展览中心举办的"美国纺织品面料采购团"展示会上,苏州丝博馆与展会组织单位合作举办了"丝绸文化科普展",向国内外参观者宣传了

---

① 钱小萍.论苏州丝绸博物馆的生命力[J].中国博物馆,1996(1).

中国悠久的丝绸历史文化。① 除此之外,苏州丝博馆还与其他国家、地区进行了密切的合作,并取得了较好的宣传效果。

四、经验与启示

(一)不断开拓进取,创新运行模式

苏州丝绸博物馆虽然在陈列方式、运行模式方面较其他博物馆而言已经有很大的创新,但是如果满足于此、一成不变,那么游客可能参观一两次就觉得足够了,不利于游客的回流。苏州丝博馆深谙于此,自开馆来从未停止过前进的脚步,不断开拓进取,几乎每年都会推出新的内容和形式。如开馆时仅有序厅、古代馆、蚕桑居、中厅、明清一条街等展厅,到了次年又增加了现代馆"锦绣苑",并修建了桑园农舍和乡间小道等,使得"蚕桑居"变得更加生动逼真。后来又增设了"近代馆",增设了自行设计和经营的"金芙蓉"饭庄,为文化旅游产业提供了相关的配套设施。正是这种精益求精、不断创新的精神维持着苏州丝绸博物馆蓬勃向上的生命力,给我们以启发和思考。

(二)开发多维功能,发展文化旅游

在过去的很长时期,博物馆的主要功能是文物的收藏、教育和宣传。而苏州丝绸博物院却不拘泥于传统,大胆开拓创新,深入挖掘自身的资源,开发博物馆的多维度功能,在继续发挥社会教育功能的同时发展文化旅游产业,不仅丰富了博物馆的内容和形式,增强了博物馆的吸引力,而且在自力更生的基础上实现了更好、更快的发展,从而形成了社会效益和经济效益的良性循环。因此,无论是博物馆还是其他文化产业,一定要充分利用自身已有的文化资源,同时深入挖掘与之相关的文化旅游资源,在立足产业本身的基础上发展文化旅游事业,实现产业的多维度发展。

(三)注重对外合作,加强国际交流

在经济全球化的时代背景下,产业要想实现新的突破和发展,就必须以主动的姿态迎接全球化带来的机遇和挑战。苏州丝绸博物馆在新形势下,在加强自身建设的基础上,紧密对外合作,包括与国内其他地区的合作以及与国外部分地区的合作,加强同类产业间的交流,掌握同类产业发展的最新动态和趋

---

① 对外交流[EB/OL],http://www.szsilkmuseum.com/communion/? type = list&classid = 9.

势,吸收和借鉴国内外成功经验,不断完善自身。同时,通过国际交流加强宣传,打造国际品牌,吸引更多国外游客来苏州了解中国博大精深的传统丝绸文化,欣赏和购买精美绝伦的丝绸产品。

(四)关注人才培养,重视文化建设

博物馆和其他产业一样,其生存和发展离不开人才的培养与馆风建设。有了聪明智慧和有创造力的人才,有了良好的馆风,才能有博物馆的发展和繁荣。苏州丝绸博物馆的成功也离不开对于人才培养和文化建设的重视,其一贯倡导做"丝博人",树"丝博风"。所谓"丝博人",即自觉、勤奋、顽强、朴实、创新、有奉献精神的人;所谓"丝博风",即脚踏实地、艰苦奋斗、严格要求、永不满足的工作作风。[①] 正是这样一群"丝博人",这样一股"丝博风",才铸就了苏州丝博馆的"丝博"精神,使苏州丝博馆一步步走向成功。因此,文化产业在发展过程中一定要注重人才的培养和产业文化建设,汇聚产业精神,铸就产业辉煌。

【思考题】

1. 你对于苏州丝绸博物馆推进公益性文化事业单位与营利性文化产业并行发展这一战略路径有何看法?

2. 你认为博物馆作为文化事业单位在转型过程中应着重注意哪些问题?

[①] 钱小萍.论苏州丝绸博物馆的生命力[J].中国博物馆,1996(1).

第五章　吴文化与饮食文化产业

概　述

俗话说"民以食为天",饮食在人们的日常生活中占有十分重要的地位。苏州地处太湖流域,气候宜人,土壤肥沃,河流交错,发达的水稻种植业和丰富的水产资源使苏州形成了吴地特有的"饭稻羹鱼"的饮食文化。苏州的饮食文化在吴文化的滋润和培育下,在清代就已形成了六个帮式(苏式菜肴、苏式卤菜、苏式面点、苏式糕点、苏式糖果、苏式蜜饯)和六种特色(苏州小吃、苏州糕团、苏州炒货、苏州名菜、苏州特色酱菜、苏州特色调味品),共12个大类别,品种则达到了1200余种之多。① 之后,苏州经济的不断繁荣兴旺,为苏州的饮食文化提供了强有力的物质基础,使苏州饮食文化在"饭稻羹鱼"的基础上,形成了清淡雅致、精细玲珑等特色。

一、苏州饮食文化的特点

苏州饮食文化十分讲究时令性,几乎每个季节都有当季鲜美的食物可供品味。注重时令的饮食方式,一方面能够使人品尝到当季食物的鲜美口感;另一方面当季食材与反季食材相比,当季食材是根据自然规律生长而来,营养构成等方面都优于反季食材,讲究技巧、针对性的营养饮食,能够起到美容保健、调理身心等功效。因此,注重养生的苏州人,饭桌上的菜肴总是随着季节变化而改变,样式繁多:春季苏州人民的饭桌上不乏头鲜,春笋上市之际,苏州人将咸肉与鲜肉放在一起,再加之当季鲜嫩的春笋慢火煨熟,其汤汁醇厚,鲜香无比,俗称"腌笃鲜"。此外还有外脆里嫩的松鼠鳜鱼、茶香四溢的碧螺虾仁等,

---

① 徐敏.苏州饮食文化发展之路浅议[J].现代农业科学,2009(11).

都是春季苏州的当季美食。苏州人向来口味偏清淡,夏天更是如此。将凤爪、毛豆、鹅肉、口条等新鲜食材浸泡于糟卤中,制作而成的"糟钵头"可谓夏季清爽的下酒下饭菜。除了荷叶飘香的粉蒸肉、晶莹爽滑的莼菜银鱼羹等夏季菜肴外,更有清甜凉爽的绿豆糕、软糯可口的百合绿豆汤等甜品,这些都是苏州人夏季降热去火的好选择。金秋十月,丹桂飘香,许多甜点都加入了桂花元素,有桂花糕、桂花小圆子、桂花糖芋艿等等。秋季苏城的大街小巷除了桂花香气扑鼻,空气中也弥漫着糖炒板栗的甜香味,板栗软糯香甜,唇齿留香。"秋风起,蟹脚痒",阳澄湖大闸蟹享誉全国,蟹肉鲜甜,黄多膏厚,是苏城秋季最值得一品的菜肴。因此,"桂花、板栗、螃蟹"并称为苏城秋季"三好"。冬季则讲究进补,苏城的冬天寒气逼人,一点不输北方,这时来碗热气腾腾的藏书羊肉,寒气便一扫而光了。此外,浓油赤酱的酱方肉、鲜香独特的肠肺汤、肥美酥烂的母油鸡等,都是苏城人民冬季滋补的佳品。

  苏州饮食文化除了注重时令外,菜肴的选材也十分讲究,例如酱方肉制作的选料一定是上好的五花肉,肥瘦相间,软嫩鲜香,口感丰富,肥而不腻;碧螺虾仁中的虾仁选用的是活剥的河虾仁,辅以新碧螺春的茶汁入菜,使得食客不仅能品尝到河虾的鲜味,还有茗茶的清香留在齿间,可谓别具风味。苏州饮食文化不仅注重口感、选材等内部因素,还十分注重造型等外部因素。不论是苏式菜肴还是苏式糕点,都讲究将食物的品尝性和观赏性相融合,菜肴造型中数"松鼠鳜鱼"最为典型,将斩去脊骨、片去胸刺的整条鳜鱼拖蛋放入滚烫的油锅中煎炸,起锅后鱼肉翻卷,鱼尾上翘,形似松鼠,再淋上熬热的糖醋卤汁,酸甜可口,已成为苏州地区宴席上的上品佳肴;糕点造型中,苏式船点凭借其生动的造型、精细的制作工艺在《舌尖上的中国2》中出镜,在糕点大师的巧手下,仅靠小剪刀、小木梳、小木棒等几样寻常的工具,不出几分钟,活灵活现的小兔子、小刺猬等造型的糕点就大功告成了,可谓栩栩如生。

  除了以上几点外,苏式菜肴还有花色品种繁多的特点,加之在"吴门画派"的影响下,苏州饮食文化不仅具有较高的实用性,还富有很高的艺术价值。正因如此,苏式食品与苏州园林、丝绸、工艺品共同构成了苏州四大文化支柱。

二、苏州饮食文化产业的发展特点

在快速发展和激烈竞争的环境下,苏州饮食文化产业呈现出如下特征:

(一)多派菜系群雄并起

苏州的饮食文化产业市场已从上个世纪中期的以苏帮菜独占统治地位,

发展为今日的中外餐饮及各个菜系竞相登台献艺的态势。今天的苏州随处可见国内各个菜系的餐馆和具有外国风味的餐饮连锁店。川菜、粤菜、浙菜、湘菜、鲁菜、江西菜以及西南、西北的风味餐饮纷纷登陆；麦当劳、肯德基、比萨屋遍地开花；日本料理、韩国料理亦紧随跟上；港澳台餐饮业也纷纷抢滩苏州，各式休闲餐厅、茶餐厅在苏州也是随处可见。这些对苏州原有的一些地方性品牌店造成了很大的压力。如今的苏州餐饮市场出现了犹如"春秋战国时代"的群雄争霸的局面。

(二) 饮食文化产业朝着规模化、集团化方向发展

目前，苏州限额以上(指企业年主营业收入总额在人民币 200 万元以上，年末从业人员在 40 人及以上)的餐饮企业占全市餐饮企业法人单位的 20% 以上。它们当中很多都设有分店，正朝着规模化方向发展，如松鹤楼、香雪海、石家饭店、一醉大酒店、通天府大酒店、百盛天地大酒店等。而麦当劳、肯德基、比萨屋等则是大家所熟知的连锁店。

(三) 家庭消费渐成主力

随着人民生活水平的提高和消费理念的变化，苏州人对饮食文化的需求形式越来越多样化，休闲餐饮与大众餐饮所占比例明显增大。苏州当今的饮食文化产业市场有一个显著的特点，就是个人消费逐步增加，家庭私人消费比例逐渐攀升。目前家庭私人消费在餐馆的消费比重已占五成以上，饮食文化产业市场形成了"大众化为主，高中低兼顾，多方位发展"的格局。

三、苏州饮食文化产业面临的挑战

苏州饮食文化产业的发展虽然形势看好，却仍然存在不少值得注意的问题，面临严峻的市场挑战。

(一) 饮食文化产业市场存在过度竞争现象

从近几年苏州饮食文化产业的发展情况来看，饮食文化产业市场日趋饱和，整个市场已经处于微利时代。目前苏州餐饮企业数量急剧增加，客源分流严重，人力资源、能源、原材料以及停车费等各项费用都在上升，但是菜价却不能有太大的提高，因而餐饮行业的毛利率已经降至 40% 到 45%，净利率在 3% 到 6%。市场现状让绝大多数的饮食企业都受到了冲击，在激烈的竞争下，一些酒店采取了一些短期行为，比如降价、派送，甚至办平价酒水超市，放弃了酒

水的利润等。尤其是每年新开张的饭店中部分是新手,盲目投资,对餐饮经营管理和行业约定俗成的规则缺乏了解,靠打折参与竞争。虽然这种方式在短期内的确能赢得人气,也能让消费者得到实惠,但从长远看,在某种程度上却是一种过度竞争。

（二）饮食文化产业经营的环境有待改善

首先,行业快速发展与合理经营规模之间的矛盾显现。近年来苏州餐饮业的良好发展势头使企业纷纷扩大经营规模,营业网点不断扩大。但自由式发展使得餐饮企业重复建设、盲目扩张情况比较严重,前几年,出现了一条美食街兴起,另一条美食街消亡的现象。其次,近年来,餐饮费用上升较快,利润的降低和负担的过重使企业再生产受到很大限制。最后,发展与规划不平衡,停车成了大问题。由于苏州私家车正以每年几万辆的速度快速增长,因此各大餐饮企业在停车位的供给与需求上存在矛盾,没有足够的泊车位就无法吸引更多高档消费的群体。同时,许多餐饮企业本身无停车场地,由于地靠某个休闲广场或文化广场,致使顾客将这些场地占为停车之所,造成与社区居民的矛盾,也影响到企业的经营和招徕能力。

（三）饮食文化产业市场的开发力度不够

这主要表现在以下几个方面:一是菜肴的开发和餐饮特色品牌不足。饮食文化产业经营的核心是菜肴质量与品种,市场的竞争是菜肴质量与品种的竞争。饮食文化产业经营的实质性问题就是开发新品种,变革老品种,优化创新,开发出富有特色的菜肴。但目前苏州不少饮食文化企业的生产方式落后,产品科技含量较低,极易被模仿;缺乏知识产权观念和品牌营运意识,不善于开发名品的附加值等。如"千店一面,克隆菜满天飞"便是当今苏州餐饮市场存在的一大问题。从酒家的装潢看,苏州的一些大型酒楼仿佛是"一母所生",很难体现独特的地方风情与文化色彩。所推菜式也是一阵风,什么菜式热销,随后都跟着上。二是早餐和夜间消费市场的启动、开发不够。与周边城市乃至全国其他一些著名的大中城市如上海、无锡、杭州、广州等相比,苏州的早餐和夜间消费市场有着较大的发展空间。三是在创办连锁企业、大胆地走出去办企业等方面明显存在不足。

（四）企业内部管理有待完善

从整体上看,目前企业内部管理的规范化、现代化水平还不高。如建立规范化的管理制度,实行标准化管理;采用现代化的管理手段,实行网络化管理;采用科学的模式,实行有效管理等方面都有待进一步加以完善。在人力资源管理方面,首先,从业人员的总体文化素质不高,与国际上著名品牌餐饮业的从业人员相比,缺乏高学历的专业技术人才,尤其是缺乏专门从事研究开发、企业管理、市场营销、菜肴品种研究的人员。其次,员工的流动性大,餐饮业人员招聘难度较大。

四、加快苏州饮食文化产业发展的思考

（一）发展连锁经营,促进餐饮业提档升级

发展连锁经营是服务业推行现代化流通方式的重要内容,既有利于苏州饮食文化产业规范服务内容,提高质量水平,也有利于企业保障卫生安全,提高抗风险能力。苏州饮食文化产业可将企业的连锁经营列入工作目标,制订工作计划,落实工作措施。大中型餐饮企业,特别是老字号企业要利用自身品牌优势发展连锁经营,扩大名店名品在市场上的占有率,力争培育出一批有广泛社会知名度的苏州龙头餐饮企业,成为推动苏州餐饮业做大做强的主要力量。在此基础上,苏州饮食文化产业要走联合、联动和规模发展的路子,必须建立行业产业化的纽带,集合相关行业的力量,共同为饮食文化产业发展服务。同时,还应扩大国际交流合作,建立广泛的国际联系,加强与国际同行与相关行业的交流与合作,在充分发挥自有的技术、品牌、市场等优势的基础上,吸收国内外先进的经营管理经验,促进饮食文化产业提档升级。大力倡导自主创新,形成自己的特色,最终拥有自己的知识产权。

（二）大力倡导诚信兴商,规范服务

积极推行和倡导诚信经营,规范餐饮服务,遵守职业道德,自觉维护企业的良好形象和信誉。企业要增强行业自律意识,提高规范化服务水平,提倡绿色消费、健康消费。一是价格诚信。餐饮企业要遵循公开公平、诚实信用、质价相符、正当竞争的原则,坚决执行国家有关制止牟取暴利,反对价格欺诈的规定,加工、制作经销各种食品应具有成本核算表,不得采取偷工减料、掺杂使假等欺诈手段蒙骗消费者,菜肴的质量和价格要成正比,不能虚假打折。二是质量诚信。保证菜肴的质量,把好进货入库关,加强食品原材料采购管理。坚持索证制度,采购食品及原料应索取检验合格证和化验单,主料(米、面、油)要有 QS 标识,肉类必须有检疫证明和红白票据。蔬菜类必须经过有机磷农药残

留检测,应符合强制性国家标准的要求。禁止使用腐烂变质、超过保质期的食品,不得使用违禁药水浸泡的水发产品,禁止宰杀、加工、销售野生动物,确保菜肴放心、安全、卫生。三是服务诚信。要从比硬件向比软件转化,在强化标准化服务的同时,积极开展和实施个性化服务,以给顾客提供更好的服务。

(三)加强技术培训和交流,强化苏州饮食文化产业队伍建设

企业要通过举办各种厨艺交流活动,为饮食文化产业人才提供展示才能的舞台,充分发挥烹饪技术人才在餐饮市场发展中的积极作用,形成弘扬钻研业务、苦练技能的良好风气。要加强对从业人员的厨风厨德教育并鼓励他们积极参加全省、全国乃至世界级的烹饪大赛,在赛事中交流技艺,提高服务水平。同时,要加强对餐饮职业经理人的培训和管理,学习现代企业的管理经验,实现由传统管理模式向现代管理模式的转变。

(四)坚持创新为要、特色为本、文化为脉,做活传统餐饮

充分利用苏州传统餐饮和苏帮菜的品牌资源,不断大胆地开拓创新。餐饮制胜,菜肴为本,对菜肴的创新将是未来苏州餐饮发展的主要方向之一。创新不是对传统的彻底否定,而是在继承传统的同时,针对当前的消费需求对菜肴制作的相关要素作相应的变革,以更好地满足市场的新需求。既要防止以追求正宗而放弃变革,墨守成规,又要避免为了哗众取宠的所谓"创新"而创新,不伦不类。做到传统菜做到位、创新菜做及时、看家菜做规范、每餐菜做可口。要坚持特色为本、适口最真、应时而出,把苏帮菜深厚的文化底蕴与时尚结合起来,甚至可以借鉴西洋烹调的相关技法或西餐的制作工艺,古为今用、洋为中用、中菜西做,使传统苏帮菜焕发出新的魅力。要增加餐饮企业产品的文化内涵。没有文化的产品是不完整的产品,赋予餐饮产品深刻的文化内涵,既能使顾客得到精神上的满足,又能使餐饮企业的文化建设更为完整。

(五)创新发展模式,搭载"互联网+"快车

饮食文化产业已进入以大众消费为主导的新增长时代。苏州市饮食文化产业要创新发展模式,搭载"互联网+"快车,采用互联网技术整合传统资源。如今,苏州的不少餐饮企业已加入全国餐饮饭店产业链服务平台,扩大优质供应商队伍,开发互联网外卖等,实现线上线下对接。同时,加快进军周边地区以及新兴商业综合体和购物中心。2015年1月到9月,苏州市实现住宿餐饮业零售额达到385.11亿元,比上年同期增长11.4%,在全省继续领跑。今后,

苏州饮食文化产业还要进一步借着互联网的翅膀实现产业升级。一方面，要重视年轻一代消费群体的兴起。移动互联时代餐饮消费者出现族群分化，需求差异性增大，新一代群体重视娱乐性、互动性，对于创新迭代、深度体验的要求更高。另一方面，需要重视互联网思维与传统饮食文化行业运营经验的紧密结合，与供应商构建多方共赢的平台生态圈，提升运营效率与组织效率。

案例一 风光旖旎阳澄湖的"大闸蟹"特色产业

一、基本情况

中国吃蟹的历史可以追溯到5000多年以前。据相关记载,考古工作者在对长江三角洲地区进行考古勘探时,就从上海青浦的淞泽文化、浙江余杭的良渚文化层中发现,在我们祖先食用的废弃物中有大量的河蟹蟹壳的存在。由此可见,中国人吃蟹的历史十分悠久,并且通过前人不断的摸索证明,中国有三个地区生长的河蟹品质最佳,分别为产自苏皖两省的古丹阳大泽的花津蟹、河北白洋淀的胜芳蟹以及江苏阳澄湖的阳澄湖大闸蟹。

阳澄湖大闸蟹是河蟹的一种,学名为"中华绒螯蟹",又称"八爪蟹"。阳澄湖大闸蟹之所以有别于其他河蟹,是因为它有以下四大特征:青背,蟹壳为青泥色,色泽光亮,蟹壳平滑;白肚,大闸蟹腹部的甲壳洁白似雪,全然不沾一点泥土,无杂色;黄毛,大闸蟹的八足上密密麻麻地长有金黄色的绒毛,细长且挺拔;金爪,大闸蟹的双螯上有比八足更为茂盛的金色绒毛,双螯凌空,坚挺有力。阳澄湖大闸蟹以其肉质鲜美,蟹黄硬实饱满,脂膏厚醇,被誉为"蟹中之王"。

阳澄湖的大闸蟹特色产业始于20世纪60年代以前,那时的阳澄湖大闸蟹还没产业化,完全依靠自然生长,繁殖洄游,由渔民自由捕捞,并且销售给国营水产供销部门,由国家进行统一收购。20世纪60年代末至90年代初,由于长江流域水利工程的建设,使得大闸蟹洄游的通道被堵塞,无法进入阳澄湖。这时,人们便从长江捞取出幼蟹或幼体,人为地将其移植进阳澄湖中,使其自然生长。此阶段,湖区也相应地成立了苏州市阳澄湖渔业生产管理委员会,并在1985年后,由原苏州市的吴县和昆山县负责划湖管理,对河蟹的捕捞进行制度管理(实行禁捕期和发放捕捞许可证制度)。这时的阳澄湖大闸蟹行业开始步入市场经济,并有少量远销国外。1992年,阳澄湖镇的16户农民在阳澄湖东湖率先进行围网养蟹,在取得了较好收益后,其他村民纷纷效仿,致使1996年至2001年全湖区围网养殖的面积达到了14.27万亩。直到2001年10

月,苏州市统一管理体制恢复后,市政府对阳澄湖的围网养殖进行了规划整治,将湖面设置为 20 个整齐划一的标准化养殖小区,养殖面积也缩减至 3.2 万亩。随后,2002 年 9 月 18 日,经农林局批准、苏州市民政局登记后,苏州市阳澄湖大闸蟹行业协会宣告成立,以"引导、协调、服务、监督"为准则,积极开展工作,维护行业秩序。到了 2010 年,苏州市政府更是斥巨资深化阳澄湖大闸蟹生态养殖。①

目前,阳澄湖大闸蟹特色产业为当地村民带来了相当可观的经济效益,成为当地村民的主要经济来源。同时,阳澄湖大闸蟹特色产业也带动了不少周边的旅游业,例如每年的金秋十月,阳澄湖莲花岛上每天前来品蟹游玩的人络绎不绝。阳澄湖大闸蟹特色产业之所以能够取得如此骄人的成绩,离不开蟹农的辛勤劳作和苦心经营,更离不开政府的引导和政策的支持。

二、具体做法

(一) 科学养殖,确保质量

随着"阳澄湖大闸蟹"得到越来越多国内外消费者的认可,每到金秋十月,食客们争相购买,"阳澄湖大闸蟹"常常出现供不应求的状况。为了提升"阳澄湖大闸蟹"的品牌知名度,科学养殖,保障"阳澄湖大闸蟹"的优良品质显得极为重要。首先,对原先无序的围网养蟹湖区进行了综合整治,将湖面设置为 20 个整齐划一的标准化养殖小区,养殖面积缩减至 3.2 万亩,并且新增了不同功能的区域(航道区、饮用水源保护区、资源保护区、环湖绿色生态恢复区和休闲轮养区),在一定程度上恢复了湖区的生态平衡。其次,阳澄湖大闸蟹养殖的至关重要的影响因素就是养殖的水质及其水环境,因为水质的优劣与阳澄湖大闸蟹养殖的效益息息相关。所以,在大闸蟹养殖过程中应尽量保持水质的清新,如水体中有机质含量过高则易引发缺氧现象,使湖底产生大量青苔,从而影响到阳澄湖大闸蟹的生长。为了有效控制湖区水体富营养化的状况,湖区内采取了增殖放流的措施。在围网养殖区内鼓励养殖户放养花白鲢和螺蛳等滤食性生物,在养殖区外则由阳澄湖渔业管理委员会自行放养了约 9 万公斤的花白鲢鱼种,使得湖区水质的富营养化得到了基本控制,水质也有了明显好转。俗话说"蟹大小,看水草",水草的好坏是影响阳澄湖大闸蟹品质的另

---

① 徐欢欢. 阳澄湖大闸蟹的品牌化之路[J]. 苏南科技开发,2004(10):33-34.

一重要因素。阳澄湖大闸蟹养殖基地宜种植水葫芦、菹草、苦草等水生植物,因为在夏季高温酷暑天气时,水草起到了为阳澄湖大闸蟹提供栖息、隐蔽、脱壳场所及植物性饵料的作用,并且还有遮阴、降低水温、改良水质等作用,在一定程度上有利于提高阳澄湖大闸蟹的捕获规格及产量。除此之外,由于阳澄湖大闸蟹的攀爬能力较强,而大闸蟹的防逃工作的好坏直接关系到成蟹的回补率,因此加强防逃设施的建设也很有必要。例如,夏季梅雨期间的风雨天气会刺激大闸蟹外逃,所以一般在梅雨季节到来之前就加高加固塘埂,检查防逃设施,并备好防汛物资;根据阳澄湖大闸蟹的生长规律,进入秋季后,其性腺趋于成熟,由黄蟹脱壳为绿蟹,准备进行生殖洄游,此时大闸蟹是最易逃逸的时期,更应重视防逃设施的加固工作。

不仅如此,为了进一步确保和提升阳澄湖大闸蟹的品质,提高其在国内外市场上的竞争力,阳澄湖大闸蟹协会大力推进建设了一批中华绒螯蟹无公害生态养殖基地。示范基地对蟹苗的来源、放养数量、规格,饵料的品质、产地以及病害防治等环节都采取了技术管理措施,并且这套生产无公害阳澄湖大闸蟹的技术操作程序中,每一个步骤都是严格遵循国家质量监督检验检疫总局颁发的《关于进出境水产品检验检疫管理办法》及国家农业部颁发的《农产品质量安全管理规定》来进行操作的。

（二）防伪升级,杜绝"李鬼"

近年来,由于"阳澄湖大闸蟹"这块金字招牌能够带来较好的经济利益,一些不法商贩便趁机钻空子,将大量"仿冒蟹""洗澡蟹"流入市场进行贩卖。虽然"阳澄湖大闸蟹"一直十分重视品牌保护,但是"仿冒蟹""洗澡蟹"仍然令人防不胜防,这不仅极大地损害了"阳澄湖大闸蟹"的品牌形象,同时严重地侵害了消费者和养殖户的合法利益。面对市场上鱼目混珠的无序状态,苏州市阳澄湖大闸蟹行业协会开展了一系列防伪打假工作,防伪手段和水平不断地提高和完善。2002年,个别公司采取了给螃蟹绑上金腰带的防伪措施。随后2004年,大闸蟹行业协会制作了激光防伪标识来对"阳澄湖大闸蟹"进行识别,消费者能够从激光防伪标识上获取品牌公司商标、网围养殖小区编号、捕捞日期和螃蟹标号等信息。另外,大闸蟹行业协会为了进一步落实这一措施,在昆山市正仪镇和相城区阳澄湖镇分别建立了阳澄湖大闸蟹中转站,蟹农可凭存有自己养殖区预估大闸蟹总量的IC卡到中转站向品牌公司交售,每次交售的数量会相应从IC卡总数中扣除,并且还要通过专业验蟹师的检验,有效防止假冒的阳澄湖大闸蟹流入市场。但是由于激光防伪标识的技术含量有限,市场上出现了带有假冒标识的冒牌蟹。2005年,阳澄湖大闸蟹首次戴上了防伪"戒指",2006年又升级为"锁扣"式的地理标志保护防伪标识,包括地理标志产品保护专用标志图案、数码防伪、版纹防伪和DNA生物防伪等内容。2007年,市场上又涌现出了大批假冒"锁扣",为此,2008年再次升级防伪手段,将"锁扣"中的密码数字增至12位,并且防伪密码无法进行二次使用。消费者可以通过电话(95105581)、网络(www.qbssz.com)等方式,输入防伪专用标识背面中心小圆显示的12位防伪编码进行真伪鉴定。不仅如此,随着微信这一社交软件的广泛运用,阳澄湖大闸蟹蟹扣防伪功能进一步升级,苏州市地理标志保护协会在原有的电话查询及网页查询真伪的基础上,增加了微信平台查询的方式(qbsszfw):先按照蟹扣上的地址进入微信公众平台,再输入12位防伪编码,真码第一次查询的回复语为"您所查验的是国家地理标志保护产品苏州阳澄湖大闸蟹";真码多次查询的回复语为"您所查验的数码已被查验过,首次查验的时间是×年×月×日×点×分,谨防假冒";假码查询的回复语为"您所查验的数码不存在,仔细确认,谨防假冒"。这样就能在一定程度上有效地防止不法分子将蟹扣回收,使带着二手蟹扣的冒牌蟹在市场上无立足之地。①

由此可见,对大闸蟹进行生产源头、交售、收购、销售等环节的质量把控,配合防伪手段的不断更新、升级,大大改善了市场上假冒伪劣产品充斥的局面,让消费者放心购买,维护了阳澄湖大闸蟹的品牌形象。

(三)成立协会,政策扶持

2002年9月18日,由苏州市15家本地阳澄湖经营公司发起,并经农林局批准、苏州市民政局登记后,苏州市阳澄湖大闸蟹行业协会宣告成立。协会的主要职能包括行业自律、宣传推广、维护品牌、促进发展和服务会员等方面,目前协会下属的会员单位和个人会员达到了330家,遍布苏州工业园区、相城区、昆山市和常熟市,其主要工作涵盖了蟹苗苗种培育、成蟹养殖、水产品加工及市场营销等内容。② 上文中曾提到,协会在控制湖区生态平衡和升级防伪手段等方面做出了努力,但协会所做的工作远不止此。协会还十分注重对蟹农

---

① 卢漫,陈莹磊.阳澄湖大闸蟹防伪防不胜防[J].品牌与标准化,2011(19).
② 苏州市阳澄湖大闸蟹行业协会简介[EB/OL],http://www.ychxiex.com/ass/jianjie/137.html.

进行生产指导。协会会员中不乏经验丰富的养蟹能者,协会便很好地发挥了这一优势,请这些养蟹能者与蟹农进行经验交流,同时还专门从外聘请了专家对蟹农进行面授,并且以每月简报、科技宣传片等方式对蟹农进行技术方面的指导,大力宣传生态养蟹知识,从而使"阳澄湖大闸蟹"的品质更上一层楼。与此同时,协会在推广无公害标准化养殖模式方面也发挥了十分重要的作用。协会与市质检局、市出入境检验检疫局等部门联合,配合做好湖区水源水质、养殖投入品、水产品的定期检测工作,通过科学引导、现身说法、生产管理和质量监控等方法和途径,逐渐建立健全生产质量检控体系。此外,协会在行业自律方面也发挥着至关重要的作用。协会不断向所属会员单位和个人会员传输质量意识、品牌意识、全局意识,告诫行业内成员切勿为了个人利益、小团体利益而做出有损他人和行业整体利益的违规行为。协会先后制定了《代理(加盟)商行业规范》《会员职业道德规范》《专卖店实施标准》等内部规定,从制度方面引导会员要遵守职业道德规范,自觉做到诚信经营。

但仅仅依靠行业内部的自律来规范行业行为是远远不够的,还需要依托一定的政策保障。2005年5月9日,根据国家质量监督检验检疫总局第71号公告,以江苏省苏州市人民政府《关于划定苏州阳澄湖大闸蟹原产地域范围的请示》(苏府办〔2004〕251号)中提出的地域范围为标准,确定阳澄湖大闸蟹原产地域的范围,即苏州市自然形成的113平方公里的阳澄湖水域。2006年10月,又出台了《阳澄湖大闸蟹地理标志产品保护管理办法》(苏府办〔2006〕110号),该办法明确了阳澄湖大闸蟹地理标志产品保护的范围、组织机构和机构职能、生产和销售管理、标识标志管理等,并且相应地成立了阳澄湖大闸蟹地理标志产品保护管理委员会。随后,2009年12月15日,苏州市政府审议并通过了《苏州市阳澄湖大闸蟹地理标志产品保护办法》,且于2010年3月1日正式实施。该办法解决了阳澄湖大闸蟹打假过程中无法可依的问题,明确规定了阳澄湖大闸蟹保护管理工作中的(保护管理机构、保护和管理、罚则等)内容,首次明确了对于假冒行为能够处以最高3万元的罚款。值得一提的是,该办法是国内首个对鲜活农产品予以地理标志保护的政府规章。[①]

(四)对外宣传,开拓市场

对阳澄湖大闸蟹品牌的宣传,苏州市阳澄湖大闸蟹行业协会不仅采取广

---

① 张衡.阳澄湖大闸蟹保护办法出台[N].江苏经济报,2009-12-17(01).

播、电视、报纸等传统的宣传方式,并且与时俱进,结合当下新兴的宣传方式,例如组织和举办文化节、参加农产品交易会等形式,对阳澄湖大闸蟹品牌进行宣传推介。阳澄湖大闸蟹不仅为蟹农带来了"品蟹效益",还带动了周边的休闲度假、旅游餐饮等相关产业链,使整个区域相关经济有了飞速发展。1997年5月,首个大闸蟹交易市场在昆山市巴城镇落户,同年10月25日,巴城镇举办了为期12天的首届阳澄湖蟹文化节。此次文化节使广大消费者更全面深入地认识了蟹文化,不仅品尝到地道的阳澄湖大闸蟹,还领略到了阳澄湖旅游度假区的美丽风光。由于此次文化节取得了较好的经济效益和社会效益,巴城镇就将这一活动延续了下来,蟹文化节成为当地一年一度的盛大聚会。① 由于蟹文化节有着广泛和深远的影响,阳澄湖周边各地也纷纷效仿。2005年,苏州唯亭镇的首届阳澄湖大闸蟹文化节也拉开了帷幕,并且随着规模逐年扩大,影响力逐年增强,"唯唯亭亭"的品牌知名度也得到了不断提升。② 除了昆山巴城镇、苏州工业园区唯亭镇之外,苏州相城区和常熟沙家浜也推出了具有当地特色主题的蟹文化节。总之,与阳澄湖大闸蟹 文化有关活动的举办,可以说是一场集品牌推介、旅游观光、文化交流于一体的综合性人文盛宴。

在销售渠道方面,苏州市阳澄湖大闸蟹行业协会一方面在传统销售区域(长江三角洲、珠江三角洲、京津地区和渤海湾地区)重点推进,另一方面加大在全国其他城市、国外和境外市场的推广力度,开拓海外市场。随着网购时代的到来,阳澄湖大闸蟹的销售形式也与时俱进,专门搭建了自己的网上购买平台(http://www.360xie.com),同时进驻了天猫商城、京东商城、拍拍等网上购物平台,实施网络营销。

三、经验与启示

(一)紧抓产品质量,争创优质品牌

农产品应以质量为先,只有质量有了保障,产品才能在激烈的市场竞争中脱颖而出。但想要将产品做大做强,仅有过硬的产品质量还不够,还应当注重将农产品打造为天然、无污染、营养丰富的绿色优质品牌。品牌,是产业的软实力,影响着产品定位、经营模式、消费群体和利润回报等。品牌创立的过程

---

① 阳澄湖大闸蟹历史之历届文化节[EB/OL],http://www.ychxie.com/news/show-1455.
② 唯亭以蟹为媒,小螃蟹带动大产业[EB/OL],http://www.js.xinhuanet.com/suzhou/2007-11/06/content_11592473.htm.

中,可以充分结合当地独有的自然资源和人文历史等因素,形成特色产业,增加农产品品牌的辨识度。如地理标志区域品牌,就是将产品原产地独特的自然环境和人文历史与品牌文化相结合,"阳澄湖大闸蟹""藏书羊肉"等,都是农产品品牌化的成功典范。俗话说"创业容易守业难",知名品牌是产业的无形资产,因此后期的品牌保护和维护也尤为重要。一块"金字招牌"能够提高广大消费者的忠诚度,增加产品在市场上的占有率,将品牌化转变为产品的竞争优势。

(二)成立行业协会,加强政企沟通

行业协会是一种民间性的组织,属非营利性机构,是政府与企业、商品生产者和经营者之间的沟通桥梁。行业协会的成立能够有效地在法律规定的范围内对行业内部进行行业自治,制定和执行行业准则及各类标准,协调、规范行业内的经营行为。同时,行业协会对本行业的产品质量、营销方式等环节进行监管,严厉打击损害行业名誉和利益的个人行为,鼓励公平竞争,从而维护市场秩序,营造良好的市场经营环境。行业协会能够发挥其正面作用还需得到政府部门的支持,政府和主管部门应当对行业协会加强规划引导,充分发挥行业协会的民主监督作用,必要时为行业协会提供法律保障,让行业协会的制度、措施有法可循。最后,行业协会与政府部门应当加强沟通,共商产业未来发展规划与战略部署。因此,一个有效工作的行业协会一方面可以提高广大会员的工作技能,帮助会员达到提高效率和增加收益的目的;另一方面,行业协会可以自主尽责地解决政府部门职责范围之外的问题。所以,从某种意义上说,行业协会是国家公共管理模式的一种有效补充。

(三)发展关联产业,推动经济发展

关联产业是由主体产品衍生出的相关产业,是指与主体产品相配套的或紧紧围绕主体产业而发展起来的产业。产业链上的各个行业、各个环节都是相互联系、相互依存的,因此,通过重点发展一个产业,拉长该产业链,可以带动一系列的关联产业共同发展,使它们彼此促进,逐渐成为一个利益共同体,拓展发展空间。关联产业在紧密围绕主体产品发展的同时,也能形成自己的特色,为主体产品锦上添花。阳澄湖沿湖的城镇就由一只小小的螃蟹而衍生出了与蟹文化相关联的众多产业,如莲花岛农家乐、阳澄湖休闲度假观光区、蟹文化节等,带动了当地旅游业、餐饮业、农副业等相关产业的发展,推动了整个区域的经济发展,为当地百姓带来了良好的经济效益。

【思考题】

1. 你觉得维护"阳澄湖大闸蟹"品牌形象有何重要意义？维护其品牌形象的有效途径有哪些？

2. 试从"阳澄湖大闸蟹"特色产业带动周边产业链发展的案例分析，谈谈地方特色产业对推动整体区域经济发展有何启示。

案例二　山明水秀洞庭山的"碧螺春"茶特色产业

一、基本情况

碧螺春茶起初在民间叫作"洞庭茶",又名"吓煞人香",距今已有1000多年的历史了。据历史资料记载,早在两晋南北朝时期,苏州就已开始种植茶叶,唐代陆羽所著《茶经》中就有记载"长洲县(今苏州市)洞庭山"出产茶叶的内容。宋代朱长文的《吴郡图经续记》中有云:"洞庭山出美茶,旧入为贡。"可见此茶在宋朝就已被列为贡茶。关于碧螺春茶茶名的由来,民间流传着这样的传说:相传有一位尼姑上山游春,途中顺手摘了几片茶叶,将其泡水后奇香扑鼻,脱口而出"香得吓煞人",由此当地人便将此茶称为"吓煞人香"。清代《野史大观·卷一》载:"洞庭东山碧螺峰石壁,产野茶数株,土人称曰:'吓煞人香。'康熙己卯……抚臣朱荤购此茶以进……以其名不雅驯,题之曰碧螺春。自地方有司,岁必采办进奉矣。"清代王应奎的《柳南续笔》中所记:"洞庭东山碧螺峰石壁产野茶数株,每岁土人持竹筐将归,以供日用。历数十年如是,未见其异也。康熙某年,按候以采,因其叶较多,筐不胜贮,因置怀间,茶得热气,异香忽发,采茶者争呼'吓煞人香'……己卯岁,康熙三十八年,车驾幸太湖,宋公购此茶进,上以其名不雅,因以碧螺峰为名,赐题该茶为碧螺春。"此乃康熙帝取其茶卷曲似螺,色泽碧绿,春时采制,又产自洞庭碧螺峰等特点,遂钦赐其美名,此为"碧螺春"一名由来的帝王赐名说法。由此可见,碧螺春茶应在乾隆下江南之前就已声名显赫了。此外,碧螺春茶茶名的由来还有地名说,据《随见录》记载:"洞庭山有茶,微似岕而细,味甚甘香,俗称'吓煞人',产碧螺峰者尤佳,名'碧螺春'。"①

苏州是我国历史最悠久的茶区之一,十大名茶之一的碧螺春就产于风光秀美的苏州洞庭东山、西山。洞庭东山、西山两地光照充足,雨水充沛,温暖湿润,土质疏松,加之常年汲取太湖水面的云蒸雾润,因此孕育出了"碧螺春"这

---

① 碧螺春简介[EB/OL],http://www.zgchawang.com/culture/show-2314.html.

一优质茶种。明代《茶解》记载道:"茶园不宜杂以恶木,唯桂、梅、辛夷、玉兰、玫瑰、苍松、翠竹之类与之间植,亦足以蔽覆霜雪,掩映秋阳。"洞庭碧螺春产区是中国著名的茶、果间作区,茶树和桃、李、杏、梅、橘、白果等果木相间种植,可谓茶树、果树枝丫相连,根脉相通。茶树吸收了果树的天然果香,令碧螺春茶具有花香果味的天然品质,口味独特。洞庭山碧螺春具有"条索纤细、卷曲呈螺、茸毛遍体、银绿隐翠"的外在特征,而内在更是"汤色碧绿、清香高雅、入口爽甜、回味无穷"。因此,洞庭山碧螺春以其"形美、色艳、香浓、味醇"被誉为"茶中仙子",300多年来更是获奖无数,如清宣统三年(1911)获南洋劝业会优等奖,获1915年巴拿马万国博览会金奖,1959年被评为"全国十大名茶"等,所获殊荣颇多。①

目前,"洞庭山碧螺春"已于2009年4月经国家工商行政管理总局商标局的批准,荣获中国驰名商标称号,这在一定程度上促进了洞庭山碧螺春茶的规模化发展。此外,政府同茶农共同努力,通过茶园建设、科技投入和组建合作社等方式,推动洞庭山碧螺春茶产业更快更好地发展。

二、具体做法

(一) 选育良种品系,打造生态茶园

洞庭山碧螺春茶的制作原料来自洞庭东、西山两地的地方群体种,筛选优良的茶树品种,促进茶树的良种化,这从源头保证了洞庭山碧螺春茶的品质。地方群体种是通过有性繁殖进行繁衍的,这导致茶树品种混杂,不同的芽叶特性和物候期特征无法使茶叶品质趋于一致,更不利于洞庭山碧螺春茶品质的提高。面对以上问题,自2001年起,吴中区农林局与东西山农林中心联合对洞庭湖东、西山的群体种茶园进行了详细的调研,进行生物学品质筛选、跟踪观测、挂牌建档,初步确定了洞庭山碧螺春候选优良母本单株。2003年,吴中区启动了江苏省农业三项工程——"适制碧螺春良种茶树品种筛选及绿色食品生产技术开发"项目,经过科研人员对洞庭山碧螺春茶原产地的广泛调查,选出了17株洞庭地方群体种优良母本单株建立母本园,后按照《全国茶树品种区试技术规程》的技术规范,对初步筛选出的母本单株进行稳产性、抗逆性物候期、适应性、丰产性等其他重要品质特性方面的系统性观测,最终筛选出

---

① 谢燮清.碧螺春茶考[J].农业考古,2002(4):300-302.

了 2~3 个优良母本单株作为"洞庭山碧螺春"茶的主导品种。之后,洞庭湖东、西两山建立了原产小叶种茶树无性系良种茶苗繁育基地,在这 2~3 个优良母本单株上进行无性扦插技术,达到提纯复壮的效果,推进茶树良种化。[①] 通过对东、西山茶农统一供应优质早产原产小叶种无性系茶苗,促进了洞庭山碧螺春茶原产地茶树品种的良种化和标准化,进而从源头上确保洞庭山碧螺春茶的优良品质和独特风味。

茶树品质得到保障后,茶树的培养管理就显得十分重要。多年来,吴中区在洞庭山碧螺春茶茶园肥培管理工作上,一方面大力推广使用有机肥料,提高茶叶质量;另一方面全面调查东、西山茶园的生物多样性,掌握茶园益、害虫的动态分布,运用生物防治技术对茶园进行有效的病虫害防治。

(二)细化制作工艺,提高品质标准

洞庭山碧螺春茶的制作工艺主要分为五个步骤,每个步骤的制作工艺都十分讲究,正是细化到每一道工序的严格把关,才能确保了洞庭山碧螺春茶的高品质。具体来说,第一个步骤为采摘,洞庭山碧螺春茶的采摘有早、嫩、净三大特点:早,即开采之早,一般在清明前开采,至谷雨后结束,其开采期较短;嫩,即采摘芽头之嫩,细嫩的芽叶中富含大量氨基酸和茶多酚;净,即精心挑选,拣剔出不符合标准的芽叶。第二个步骤为杀青,主要在平锅或斜锅内进行,当锅内的温度达到 190℃ 至 200℃ 时,投入 500 克左右采摘下的茶叶,用双手进行翻炒,以抖为主,历时约 3~5 分钟,要做到捞净、抖散、杀匀、杀透、无红梗无红叶、无烟焦叶。第三个步骤为揉捻,此道工序所需锅温为 70℃ 至 75℃ 左右,采用抖、炒、揉三种手法交替进行,即随着茶叶中水分的减少,边抖、边炒、边揉,使条索逐渐形成,这一过程需 10 分钟左右,当茶叶达六七成干时,降低锅温,转入搓团显毫阶段。需要注意的是,在进行揉捻这道工序时,对手握茶叶的松紧程度要求比较高,太松不利于紧条,太紧则茶叶会溢出,易在锅面上结"锅巴",产生烟焦味,使茶叶色泽发黑,茶条断碎,茸毛脆落。第四个步骤为搓团显毫,此道工序所需锅温为 50℃~60℃,边炒边双手用力地将全部茶叶揉搓成数个小团,不时抖散,反复多次,搓至条形卷曲,茸毫显露,13~15 分钟后,茶叶达八成干左右时,进入烘干过程。搓团显毫是洞庭山碧螺春茶形状卷曲似螺、茸毫满披的关键过程。最后一个步骤为烘干,为了达到固定形状、继

[①] 李小明.茶中仙子—苏州洞庭山碧螺春[J].农产品加工,2011(2).

续显毫、蒸发水分的目的,采用的是轻揉、轻炒的手法,当茶叶达九成干左右时,起锅将茶叶摊放在桑皮纸上,连纸放在锅上,用30℃～40℃的文火烘至足干。①

由此可见,洞庭山碧螺春茶的制作工艺可谓手不离茶,茶不离锅,揉中带炒,炒中有揉。制作过程中,每2公斤一芽一叶的嫩叶要由4公斤鲜叶经过手工分拣挑选而得,一锅150～160克的新茶需600～650克嫩叶炒制40分钟而成,且鲜叶采摘下后也仅有一天的保鲜时间。碧螺春茶的精贵之处由此可见。②

(三) 成立茶叶专业合作社,加快产业化进程

起初,洞庭山碧螺春茶由东、西山的茶农进行自产自销,采取家庭作坊式的经营方式,茶农缺乏有效的种植技术、营销手段及销售渠道,把握不了市场行情,导致了"洞庭山碧螺春"茶经营"小而散"的状况。为了整合有效资源,将分散的茶农组织起来,1998年,吴中区在政府部门的推动和茶农自身需求的共同作用下,成立了龙头企业——洞庭山碧螺春茶叶有限公司。成立公司后,采取"企业+基地+农户"的生产模式,基本实现统一收购、统一加工、统一包装和统一销售,洞庭山碧螺春茶产业化程度有所提升。2001年,在得到吴中区东山镇政府的支持下,东山古尚锦村开创性地以股份制的形式,由12位茶农入股并成立了古尚锦茶坊。随后茶坊进行了商标的注册,对茶叶包装进行了专门设计,加强对田间的管理,吸引更多的茶农入股。③ 这一开创之举使洞庭山碧螺春茶的产业化模式初步形成,同时开始向成立碧螺春茶叶经济合作社探索迈进。

2005年,西山镇38位村民自主筹资36.5万元,成立了用里碧螺春茶业股份合作社,这是江苏省首家农民投资性股份合作社,随后得到了200多户茶农的加盟,共创"衙用里"品牌。第二年,该合作社为将近500户本村茶农带来了颇丰收益,取得了销售额破百万的良好成绩。④ "吴侬""清熙""碧螺""古涵"等一批茶叶股份合作社紧随其后,相继成立。洞庭山碧螺春茶产业化进程并未止步于合作社的成立,随着越来越多合作社的出现,为了将各个合作社之间

---

① 谢旧成."碧螺春"洞庭访茶问津[J].农业考古,1999(4).
② 邓彬.专属江南的茶境界[J].食品与生活,2012(5).
③ 李金珠.发扬名茶优势,发展茶叶产业[J].上海农业科技,2006(1).
④ 孙卓.弘扬茶文化打响茶品牌做大茶经济为洞庭山碧螺春打开一片新天地[J].苏南科技开发,2007(4):75.

的资金、技术、土地、人才等进行有效整合,苏州洞庭东、西山又组建了碧螺春茶专业合作联社,这是全国首家办理工商登记的茶叶专业合作联社。合作联社的功能是组织收购、加工、销售成员及同类生产经营者的茶叶;组织采购、供应成员所需的农业生产资料;开展与碧螺春茶叶生产有关的技术培训、交流和咨询及新品种推广服务,并采用统一的经营模式,即统一确定品牌、统一宣传策划、统一质量标准、统一销售窗口、统一指导服务、统一开发生产。如果说合作社是按照标准化、工厂化方式组织茶农进行生产,实行统一生产标准、统一收购、统一加工、统一品牌、统一销售的方式,进行专业经营,那合作联社则是在合作社专业经营的基础上实行综合经营,两者共同促成了洞庭山碧螺春茶的集约化生产和市场化运作,切实提高了洞庭山碧螺春茶的市场竞争力,带领茶农增收致富。合作联社的成立对进一步做大做强做优碧螺春茶产业,提升洞庭山碧螺春茶的知名度和影响力,推进碧螺春茶产业发展发挥了重要作用。

(四)扩大合作范围,增加科研投入

实施科技战略,积极与高等院校及科研院所合作,承担科研项目,有利于不断提升洞庭山碧螺春茶的品质,走出一条科技兴茶之路。茶树源头方面,2004年,苏州市吴中区东山镇多幅公司与苏州大学共同承担了苏州科技局"早芽碧螺春茶开发及茶叶保质保鲜技术示范推广"项目下的"碧螺春茶树种质资源评价与优选"子课题,对东山茶区的树种进行种质资源调查和分析,对具有较强适应性的本土优质品种运用现代生物技术进行繁殖和推广。除此之外,为了达到茶叶加工过程不落叶、防止二次污染、清洁化生产的要求,2007年,苏州市邓尉茶叶有限公司与浙江上洋机械有限公司(国内实力最强的名优茶机械公司)、南京农业大学强强联合,共同开展碧螺春茶加工生产线的规划与建设。不仅如此,苏州市邓尉茶叶有限公司与苏州市洞庭山碧螺春茶叶有限公司作为苏州市茶叶行业仅有的两家市级农业龙头企业,联合南京农业大学,共同申报了省科技厅招标项目——"碧螺春茶产业化生产、加工关键技术研究及新产品开发",并且荣获2013年度苏州市科学技术进步奖。[①] 保鲜技术方面,江南大学在其研究工作中获得了"一种绿茶常温保鲜的加工方法"国家发明专利(专利号 ZL200310106546.7,国际专利主分类号:A23F3/06)。该项

---

① 李蓓.科技让洞庭山碧螺春茶绽放新枝——苏州市洞庭山碧螺春茶业有限公司小记[J].苏南科技开发,2007(4).

技术能够在不使用添加剂的情况下,使绿茶在常温下有较好的保鲜效果,在茶叶保鲜方面是一项突破性的进展。①

(五) 做好标准化工作,提升品牌含金量

在农业产品中,苏州茶叶特别是碧螺春的标准制订是处于行业前列的,相关的企业标准、省级标准和国家标准都已有制订且比较完备,并且相应地建立了标准化示范区。1997年,原吴县市多管局为东、西山碧螺春申报了绿色食品标志,并制定了碧螺春茶的省级地方标准。2000年,经国家工商总局的审查,"洞庭山碧螺春"获得了地理标志证明商标。同年,三个升级地方标准文件——《洞庭碧螺春茶园建设》《洞庭碧螺春茶园管理技术》《洞庭碧螺春茶采制技术》相继出台。2002年,吴中区又启动了碧螺春茶原产地域保护申报工作,并于2003年12月获得国家依法审批和注册登记,使洞庭山碧螺春茶成为苏州首例实施国家原产地域保护产品,也是江苏省茶叶首家原产地域保护产品。②

标准化的生产有利于洞庭山碧螺春茶产品质量的提高,在品质有了保障的前提下,不断完善《洞庭山碧螺春驰名商标和统一包装管理办法》,使洞庭山碧螺春茶的外观包装逐渐完善统一。同时,为进一步提升品牌含金量,对"洞庭山碧螺春"中国驰名商标的准入标准进行严格规范,推行驰名商标和企业商标的"母子商标"管理,形成动态管理机制。在洞庭山碧螺春茶具备统一高质量的基础上,大幅提升统一包装洞庭山碧螺春的销售价格,逐渐将资源优势转化为价格优势。

三、经验与启示

(一) 实行标准化生产,促进产业化水平

标准化生产能够为产品的生产活动提供一个统一的标准,生产者依据此标准规定进行组织生产,在生产过程中严格遵循和贯彻执行这一标准,同时国家有关部门对其贯彻执行这一标准的情况进行必要的监督。标准化生产能够对生产活动起到一定的规范作用,通过技术标准、加工标准、管理标准等环节,

---

① 钱和,刘利兵,顾林平,黄争鸣,马惠民.生产优质无公害碧螺春茶的关键技术要素[J].亚热带植物科学,2009(3).

② 李金珠.发扬名茶优势,发展茶叶产业[J].上海农业科技,2006(1).

使产品的生产活动保持高度统一和协调,进而保障产品的统一高质量,规范市场行为,使生产活动井然有序地进行。洞庭山碧螺春茶就是利用"龙头企业"的中介作用,对内联结千家万户的茶农,对外联结外部市场,以实现效益为目标,以行业需求为导向,形成了品牌化的经营方式,提升了洞庭山碧螺春茶的品牌含金量,进而提升了茶叶的身价,使茶农真正得益。

（二）加大科研投入,依托科技进步

"科学技术是第一生产力",产业要进步,要发展,更加需要注入科技元素。洞庭山碧螺春茶从源头抓起,进行茶树种质的科研调查,筛选出优质品种,保证源头质量。同时,茶叶清洁化加工技术的研究、茶叶冷冻保鲜技术的研发、加工工艺的改良、有机茶技术的研发及机械化加工等,进一步保证了茶叶的高质量。洞庭山碧螺春茶加强与高等院校及科研院所的合作,以项目为载体,逐一攻克产品生产过程中遇到的技术难题。同时,面对茶叶专业技术人员的匮乏,洞庭山碧螺春茶注重对人才的引进和培养,使他们成为系统掌握专业茶叶知识的骨干,培养他们成为行业精英,引领企业更长远的发展。

（三）研发新产品,推动产业多元化发展

外部市场具有复杂性和多样性,一成不变的传统产品可能无法适应日新月异的市场环境。因此,企业可以在主导产品的基础上,进行新产品的开发研制工作,与时俱进,不断创新,这样不仅能够满足和适合不同层次消费群体的不同需求,并且有利于企业开拓新市场。合理运用洞庭山碧螺春茶的药理作用和营养功能,进行新产品的开发,有效利用资源,扩大其应用价值。例如,将低档的碧螺春茶进行机械化加工制作成高品质的抹茶粉;研制果茶、香茶、冰茶等各种口味和功效的茶品;茶叶中含有多种对人体健康有益的元素,因此将茶元素融入食品中,做成茶饼、茶果、茶糕、茶糖等食品;日用化工产品方面,更是研发了茶枕头、绿茶香波、茶鞋垫、绿茶香水等。由此可见,茶元素已被广泛运用到各个领域,通过深加工、精加工,碧螺春茶走出了一条茶产品多元化道路。

【思考题】

1. 你觉得专业合作社的成立对推动洞庭山碧螺春茶的产业化进程有何重要意义?

2. 关于洞庭山碧螺春茶多元发展道路,你认为有哪些有效途径?

案例三　观前老字号"采芝斋"的苏式糕点特色产业

一、基本情况

在苏州,说起采芝斋糖果,可谓无人不知。采芝斋糖果店坐落于观前街东段,是一家有百余年历史的正宗老字号。苏州采芝斋创始于清同治九年(公元1870年),至今已有130多年的历史了。起初,金荫芝以五百个铜板的微薄资本,在苏州观前街设店起家,购置了熬糖炉子、小铜锅、青石台、剪刀等简陋工具和少量的糖果原辅料,在观前街73号原吴世兴茶叶店门口设摊,当众熬糖、剪糖,因剪出的糖块形似粽子,故名"粽子糖"。后相传在清光绪年间,慈禧太后得病,久治未愈,苏州织造局便选派苏州名医曹沧洲进京为太后诊脉,曹除开列处方外,还把随身携带的采芝斋贝母糖奉慈禧助药。慈禧食后病情有所好转,因此贝母糖也被奉为"贡糖"。金荫芝抓住这次机会,趁热打铁,特意请了著名设计师为"采芝斋"设计了商标,商标中一位仙翁手持拐杖,提篮中装着灵芝仙草,另一位仙翁肩挂装有灵丹的葫芦。加之"采芝斋"贝母糖为慈禧太后治好病的传闻,为"采芝斋"赢得了"半爿药材店"的美名,将"采芝斋"糖果的牌子打得更加响亮。自此,采芝斋声名鹊起,身价倍增。

采芝斋产品以苏州风味的茶食小吃为主,口味具有浓郁的江南地方特色。产品讲求色、香、味、形俱全,多以松仁、核桃仁、杏仁、瓜仁、芝麻等天然果料为主要原料,辅以天然花卉为香料,精工细作加工而成。采芝斋的传统产品分为苏式糖果、苏式糕点、苏式炒货、苏式蜜饯、苏式咸味5大类,300多个品种,1000多种包装。如糖果类有松粽糖、玫酱糖、脆松糖、软松糖、薄皮糖、杏仁糖等,炒货类有香草西瓜子、玫瑰西瓜子、椒盐胡桃等,清水蜜饯类有白糖杨梅干、玫瑰半梅、九制陈皮等。其中,甜肥软糯的软松糖、洁白清香的轻松糖、金黄松脆的脆松糖,是苏式糖果的代表,不仅是人们茶余饭后的甜点,内含的松子仁更是有益肺补气功效;内含去衣核桃仁的脆桃球,也有润肺止咳作用;花香芬芳的玫酱糖,有散瘀止痛作用;味美可口的白糖杨梅干、九制梅皮、九制陈皮等,能够起到健胃消食的作用。如今,松仁糖、粽子糖、早虾籽鲞鱼、虾籽酱油、奶油瓜子、枣泥麻饼、芝麻酥糖等已成为苏州家喻户晓的苏州特产。①

20世纪20年代,采芝斋糖果炒货已闻名全国,到苏州旅游者或苏州人去外地走亲访友,都要带一些馈赠亲友。在苏州的外国传教士和教会学校、医院的外国人也将之作为稀罕之物买一些回国。30年代天津口岸的商人来苏采购采芝斋糖果瓜子运销国外。40年代香港同顺兴和三阳商号从上海采芝斋进货,持续经销多年。1954年,周恩来总理出席日内瓦会议,以采芝斋的脆松糖、轻松糖、软松糖招待国际友人,采芝斋的苏式糖果也因此被誉为"国糖",自此打开了国际市场。50年代上海、苏州外贸部门有计划地组织出口采芝斋糖果。1958年,采芝斋糖果出口200箱;1959年,出口50箱。1978年,墨西哥总统来我国访问,在苏州吃了采芝斋的软松糖,赞不绝口。近年来,通过努力挖掘传统工艺,走访老一辈行家,搜集濒临失传的传统产品资料,采芝斋逐渐恢复了一些传统的特色产品,如乌梅饼、水晶山楂糕、清水白糖杨梅、清水九制陈皮、贝母贡糖等。同时,在新产品开发中,采芝斋又采用了生物工程技术,使产品更加符合当今人们崇尚营养、美容、食疗、健身、游泳和休闲的需求。如今,采芝斋糖果产品品种层出不穷,数不胜数,而且已形成礼品系列,成为馈赠亲友的理想佳品。②

随着中国与国际的接轨,光临采芝斋的国际贵宾更是比比皆是,有新加坡前总统王鼎昌、日本富士通总裁大西实一行、泰国副总理乍都隆等,特别是新加坡资政李光耀夫人四次来采芝斋购物,给苏州采芝斋带来了无比的荣誉和信心。

二、具体做法

(一)挖掘文化底蕴,打造产品特色

采芝斋之所以能够在激烈的市场竞争中脱颖而出,和管理者借鉴现代理念,重视挖掘企业文化有很大的关系。顾客来到采芝斋,都为这里深厚的姑苏传统文化所吸引。走在观前街东面,一座粉墙黛瓦、雕栏画栋的楼房映入眼帘,大门上面"采芝斋"三字古朴俊雅,店名两旁"同治始创,百年老店"八个大字遒劲有力,门口对联"采万物灵芝,溶百年珍味"给人留下深刻印象。走进店

---

① 周龙兴.采芝斋的苏式糖果[J].中国地名,1997(3).
② 周龙兴.闻名遐迩的采芝斋糖果店[J].中国保健营养,1996(10).

堂,仿佛置身于苏州园林:满眼的花窗和挂落,到处是匾额和楹联。售货员身着具有浓郁苏州水乡特色的服饰,对顾客殷勤有加。

除了在店面的布置上花费心思,采芝斋还十分注重产品的包装,其外包装与苏州历史文化相结合,凸显自身企业文化。采芝斋第一只突破传统的新产品松子喜糖推出上市时,它的包装既有普通袋装,也有后来发展成的三角形、六角形高档纸盒包装,包装袋上印有"同治始创,百年老店"和"采芝图",并印贺诗一首:"松子万年代代传,芝麻开花节节高,花生落地长生果,核桃和合百年好",其新颖的名称、丰富的口味和与众不同的文化品位,引起市场轰动。贝母贡糖的包装更有特色,在金黄色的外包装袋上印上了慈禧的头像及贡糖来历的说明文字,极有画面感,使顾客在品尝糖果时,能够了解产品的历史渊源,可谓在无形中为贝母贡糖做足宣传。在产品包装极具苏州文化特色的同时,采芝斋还根据一年四季产品特色,专门聘请了苏州著名的评弹名家用富有苏州地方特色的评弹(国家文化遗产)在电台、广播对产品进行宣传。不仅如此,采芝斋还开设了网上店铺并取得了不错的效果,在为各地消费者提供姑苏风味茶食小吃的同时,也使采芝斋的品牌美誉通过网络更加声名远播。

(二) 革新管理理念,开展连锁经营

采芝斋的经营特点是前店后坊,这样的好处在于能够保障食品的新鲜度,顾客经常能买到出炉不久的糖果、炒货。食品的原料则选购著名产地的上等果辅料,之后再进行筛选拣剔,分清档次,保持原材料的色、香,不令其变质;产品的生产过程工艺精细,如明货糖果采用提浆法,砂货糖果采用人工发砂法等,从而保证产品的质优味美。在如今激烈的市场竞争中,观前街老字号企业坚持以市场为导向,开拓大众化市场,发展现代流通方式。如今,已有超过一半的老字号新开分店,走上了连锁经营的道路。借助现代经营管理理念,昔日的金字招牌变得越来越亮。百年老店采芝斋,原来实行前店后坊的经营方式,老师傅现做现卖,现今,其生产已走向现代化,公司位于工业园区的现代化工厂已投入使用。鉴于人们购买采芝斋食品大多作为礼品赠送给亲朋好友,管理者们没有把分店开到居民小区,而是开进了车站、码头和旅游景点。这样的定位不仅增加了企业的营业收入,还进一步提高了采芝斋的品牌知名度,可谓一举两得。通过连锁经营,观前街老字号"采芝斋"已走出苏州,在全国小有名气。

（三）调整口味花样，不断推陈出新

提到苏式食品，人们想到的不外乎糖果、饼干、糕团等，单调的食品已无法满足现代人的需求。苏式食品大多含糖量高，多吃甜食容易使人发胖，不利于身体健康。可见，对苏式食品的结构、口味等进行调整，是老字号经营者们重点考虑的问题，采芝斋在这方面走在了前列。近年来，采芝斋恢复了乌梅饼、山楂糕、贝母贡糖等传统品种，同时采用不含蔗糖的低聚异麦芽糖为主要原料，开发出低糖系列的新型苏式糖果等产品，并引入现代包装概念，使产品更加符合当今人们崇尚营养、美容、食疗、健身、旅游和休闲的需求，成为馈赠亲友的理想佳品。同时，采芝斋根据市场的需求，自产各式精选产品，组合成礼盒系列。食品礼盒的包装大多具有苏州传统文化特色，如对苏州丝绸、苏州工艺元素等进行设计，典雅美观，极富有文化品位。例如与苏州桃花坞木刻年画博物馆进行合作，用苏州桃花坞木刻年画的"福"字，做成礼盒外包装，使濒临失传的苏州木刻年画通过采芝斋礼盒产品这个平台，走进千家万户，行销海内外。

三、经验与启示

（一）打造品牌文化，提升企业形象

在当今激烈的市场竞争中，企业间的竞争不仅靠产品与服务，更依靠品牌形象和品牌文化。品牌文化是指使产品或服务同竞争者区别开来的名称、名词、标记、符号、设计和这些要素的组合，以及在这些要素组合中沉积的文化特质和该产品或服务在经营活动中的一切文化现象，同时包括这些文化特质和现象背后所代表的利益认知、情感属性、文化传统和个性形象等价值观念的总和。品牌文化包括三个层面的内容：一是品牌外层文化，也是品牌文化的最基本要素，即产品的外在表现，包括企业的名称、标志、包装等；二是品牌内层文化，这是品牌文化得以体现的关键，即品牌在管理、营销活动中所渗透的社会文化及民族文化，包括品牌口号、公关活动、品牌管理方式、品牌营销方法等；三是品牌核心文化，这是品牌文化的灵魂，包括企业理念、利益认知、价值观念等，它渗透在品牌的一切活动之中，渗透着企业理念。企业文化是企业的灵魂，是区别于竞争对手的最根本标志。老字号在长期生产经营实践中形成了"诚信为本、顾客至上、货真价实"的传统商业文化，这是企业的宝贵财富。以诚信维护品牌，以文化创新企业形象，注重形成企业个性化形象，挖掘独具特

色的文化,已成为企业经营者的重要课题。为了扩大企业知名度,增强老字号的影响力,企业必须注重品牌宣传,老字号可以充分利用广告、媒体等现代传播媒介来宣传自己的品牌和商品。老字号拥有丰富的文化内涵,一家老字号就是一部历史,老字号企业应充分挖掘历史底蕴,以专题片或者电视剧的方式来宣传自己。另外,企业可以建立自己的网络平台,利用网站来宣传自己,及时发布相关信息。企业还可以利用老字号的文化内涵,举办系列活动,如通过运动会、节日庆典、基金捐献等公益事业,加深和消费者的联系,丰富老字号的文化底蕴。

(二)建立现代产权制度,自主参与市场竞争

苏州观前街部分老字号生存困难,发展滞后,其重要原因在于产权归属不清晰。现代产权制度的基本特征是归属清晰、权责明确、保护严格、流转顺畅,它的建立有利于维护公有财产权,保护私有财产权,有利于各类资本的流动和重组,有利于增强企业和公众创业创新的动力。目前,观前街老字号产品"孪生兄弟"满天飞,原因之一就在于产品存在单体小、零打碎敲等问题。距今为止,曾雄称天下的苏州老字号行业,既没有出现年销售超亿的"小巨人",也没有一家上市公司,大批生产相似产品的中小企业,在低层次上重复竞争。由此,要使观前街老字号在激烈的市场竞争中得以生存发展,就必须让企业成为市场的主体,自主参与市场竞争,而其中实行产权多元化是解决老字号生存问题的关键,通过对老字号行业中小企业的重新整合,以资产为纽带,形成规模型企业,打造行业龙头,是市场的全新呼唤。

(三)在传统加工工艺基础上,进行技术创新

老字号企业大都采用传统手工生产,制作工艺以师傅带徒弟的模式为主,讲究用料的考究、操作的精细化和工艺的独特性。这种作坊式的手工生产效率低下,质量不稳定,而且科技含量少,产品附加值低。一些著名洋品牌如"肯德基""麦当劳"等,都是采用机器流水线生产,从产品的配方到火候的掌握,都有着严格的量化标准,不仅生产速度快、效率高、成本低,还保证了质量的稳定和口味的纯正。在现代化大生产中,科学技术的广泛应用使产品趋向高新化。市场瞬息万变,消费者的观念也在不断变化,老字号只有不断进行技术创新,在传统的生产工艺中加大科技含量,注重生产的工业化、规范化、标准化,才能在竞争中取得优势。

【思考题】

1. 采芝斋通过保留其特有的品牌文化优势发展至今,谈谈你对品牌文化的认识并分析其作用。

2. 采芝斋百年老字号的成功案例,对于其他老字号企业突破困境有何启示?

第六章　吴文化与旅游文化产业

概　述

苏州的美不用多说,它拥有"上有天堂,下有苏杭"的美誉,有诸如"东方威尼斯""园林之城""丝绸之府""东方水城"的美称,其魅力由此可见一斑。苏州是中国著名的旅游城市,其旅游业起步也比较早,如今随着改革开放的浪潮,在党和国家政策的支持下,苏州旅游业的规模不断扩大,质量和品位都得到了迅速提升,并逐步成为苏州市第三产业的核心。近年来,苏州市政府加快推进旅游品牌建设的步伐,打造出"天堂苏州,东方水城"的城市旅游形象,从进一步提高了旅游业的联动发展,推动了休闲旅游、度假旅游以及特色旅游的发展。同时,到苏州旅游的境外游客、国内游客都有明显的增加,旅游总收入年年攀高,苏州旅游产业呈现出蓬勃发展的景象。

一、苏州旅游业发展有其得天独厚的优势

（一）地理优势:区位优越,交通便利

苏州地理位置优越,它位于中国最具发展活力的长三角区域中心地带。苏州坐落于太湖之滨,长江南岸的入海口处,东邻上海,西抱太湖,紧邻无锡,南连浙江省嘉兴、湖州两市,北枕长江,隔太湖遥望常州和宜兴,构成中国长三角苏锡常都市圈。沪宁铁路和沪宁高速公路贯穿东西,京杭大运河连接南北,境内河港密布,公路四通八达。

（二）文化优势:城市历史悠久,文化积淀深厚

苏州拥有悠久的历史,是文化的发祥地,是中国首批24座历史文化名城之一,历史上长期是江南地区的政治、经济、文化中心。悠久的历史造就了苏

州独特的人文景观。这里历代才俊辈出,人文荟萃。享有"中国戏曲之母"美誉的昆曲,被联合国教科文组织列为"人类口述和非物质遗产"代表作;苏州评弹已在江浙沪流传了300多年;苏绣被誉为全国"四大名绣"之一;苏州工艺品巧夺天工,闻名中外。这些优秀传统文化正转化为现代化建设的优势资源,成为促进苏州经济更快更好发展的精神源泉。

(三)资源优势:旅游资源种类多,资源优良

苏州处于水乡泽国之中,境内湖泊众多,西南群峰列峙,拥有融湖光山色和名胜古迹为一体的江南水乡风光。城内集山水楼阁和诗情画意于一体的古典园林,以古、秀、精、雅、多而获"江南园林甲天下,苏州园林甲江南"之誉。具有2500多年悠久历史的古城,仍保持了"水陆平行、河街相邻"的格局和"小桥、流水、人家"的水城风貌。大街小巷深藏着风格别致的园林、寺观、庙堂、古塔、古桥等古建筑。古老的城市孕育了灿烂的吴文化,这种集建筑、工艺、丝绸、书画、烹调、医药、音乐、戏曲、服饰、礼仪、民俗等多姿多彩艺术形式为一体的优秀传统文化堪为世上一绝。苏州丰富的旅游资源为旅游业的发展提供了广阔的前景和巨大的潜力。[①] 除了拥有古典园林、江南水乡古镇等世界级文化旅游资源之外,苏州还有享誉全国的特产:阳澄湖大闸蟹,太湖三白,长江刀鱼,碧螺春茶叶,苏绣,丝绸,桃花坞木刻年画等,这些要素使苏州具备了打造成世界级旅游目的地的条件。

(四)经济优势:地区经济实力强,旅游业发展受重视

苏州是国家首批历史文化名城之一,有坚实的旅游开发基础。同时,苏州的经济发展水平在国内处于前列,为旅游业的发展提供了雄厚的物质基础。近年来,随着旅游管理与公共服务体系的不断完善,旅游发展的政策环境、设施环境也有所提高。

苏州市委、市政府注重对旅游业的投入,在人、财、物和政策上配套支持,优化发展环境,加快苏州旅游业的进一步发展。

二、苏州旅游业发展的现状

(一)城市旅游业

苏州古城共14.2平方公里,古城遗存的古迹密度仅次于北京和西安。苏

---

① 孙晓备.苏州市旅游业发展战略研究[J].苏州教育学院学报,1991(1).

州古城和苏州园林集世界物质文化遗产和世界非物质文化遗产"双遗产"于一身,同时,拥有周庄、昆曲、阳澄湖大闸蟹这三张国际级、重量级的名牌。苏州园林为中国十大名胜古迹之一,其中有九座园林被列入世界文化遗产名录;"吴中第一名胜"虎丘因其深厚的文化积淀而成为游客来苏州的必游之地。

苏州到处都弥漫着古色古香的水乡气息,那些见惯了鳞次栉比的高楼大厦的城市人,在这里可以享受到别样的悠闲情调。苏州最著名的文化古街要数平江路和山塘街了,漫步在潮湿的石板路上,看着青砖黑瓦前的小桥流水,听着悠悠扬扬的昆曲,最是能够体会江南的韵味了。除了文化的积淀,苏州还有许多大自然的杰作:上方山、天平山、灵岩山,在爬山的同时还可以游湖,是放松身心的好去处。

当然,苏州旅游不只可以享受江南水乡的静谧,还可以体会到现代都市的时尚与繁荣。观前街、美丽的金鸡湖畔、李公堤以及圆融时代广场,可以满足有消费需求的游客。

(二) 乡村旅游业

如果说城市旅游业是苏州精美华丽的包装纸,那么苏州的乡村旅游业就是这层包装之下最质朴的本质。苏州乡村旅游发展势头良好,现在已经拥有300多个乡村旅游景点,初步形成了生态休闲、文化休闲、农家乐等乡村旅游类型。东山的陆巷、金庭的明月湾古村已经成为苏州乡村旅游的典范。

目前,苏州的乡村旅游景点主要集中在吴中区、工业园区、高新区、相城区、昆山、吴江、常熟、太仓、张家港等地区。而在乡村旅游中,最突出的代表是古镇和休闲农业。古镇中最著名的当属周庄、同里和甪直。

案例一　周庄：走文化创意产业之路，打造中国第一水乡

一、基本情况

周庄，位于中国经济文化发展最为活跃的长江三角洲核心地带，东临上海，西邻苏州，镇域面积38平方公里。这里有江南特色的田园风光，保存完整的千年古镇和水乡风貌的自然村落。周庄因其独特的水乡风貌、丰厚的文化底蕴、质朴的民风民俗而成为江南水乡的典范，并因此享誉海内外。经过昆山政府相关部门二十余年来对周庄的着力保护、文化传承和旅游开发，如今的周庄已经被成功打造成"中国第一水乡"这一文化旅游品牌，成为古城镇当中唯一一个国家5A级旅游景区，每年吸引约350万中外游客。近年来，昆山政府更是围绕"文化的传承与发展"这一主题进行了策划，提出要把周庄从1平方公里的传统文化景区拓展为38平方公里的"文化周庄"的全景概念。

依托丰富的创意素材、深厚的文化积淀和成熟的产业环境，文化创意产业在周庄已经取得了阶段性发展成果。画家村、画工厂、大型演艺《四季周庄》、旅游产业研发等一大批文化创意项目相继落户启动并不断成熟壮大。具体说来，周庄发展文化创意产业的背景有以下几点：

经济背景：周庄地处全国经济发达、文化昌盛、文化艺术品消费力最为强盛的长三角腹地，位于苏州、昆山、吴江、上海半小时经济圈的核心地段，具有明显的经济背景和区位优势。

人文背景：周庄历史悠久，文化底蕴深厚，环境优美舒适，是艺术创作和文化积淀的最佳土壤。同时，这里古镇保护完整，水乡生态极佳，受到文人墨客的青睐，具有明显的人文背景和环境优势。

市场背景：周庄位于中国大陆经济实力最强的县级市昆山，紧靠上海、杭州、南京等大型城市，临近常熟、常州、镇江等旅游城市。多条高等级交通线路在周庄汇集或经过。周庄有昆山强大的制造业基地作支撑，为工业设计提供了便利。

产业背景：周庄画家村强调艺术水准，注重原创。绘画工厂以加工生产为

主,艺术博览中心重在普及和市场覆盖,其他演艺娱乐产业,如《四季周庄》蓬勃发展,具有明显的产业背景和定位优势。

品牌背景:周庄作为世界级的旅游胜地,每年接待数百万来自全球各地的游客,同时文化创意产业依托省级文化产业园区的成功创建和市级园区的基本定位,打造"中国第一水乡"品牌和昆山文化产业,具有明显的品牌背景和政策优势。

二、具体做法

(一) 加快建设周庄文化创意产业园,推动周庄旅游产业化发展

通过项目的开发、载体的建设和产业的集聚,目前周庄文化创意产业已有六大板块内容、两个载体,并逐步完善,形成三条产业链。

1. 打造六大板块

周庄画家村:2007年该项目启动,吸引国内外130余位原创画家落户,画家村建有画家公寓、艺术馆、写生基地等公共服务平台,成为集艺术创作、学术交流、展览交易为一体的艺术村。

大型演艺《四季周庄》:这是第一部呈现江南原生态水乡文化的实景演出,对周庄的旅游结构调整起到了非常重要的作用,被评为江苏省特色旅游项目,入围省级文化产业支持项目。

古戏台昆曲传习:重建周庄古戏台,并与专业院团常年合作演出昆曲,演出内容既有动态演出,又有静态展示,成为颇有特色的昆曲传习场所。

民俗文化街传统作坊:集中推出一大批优秀的传统手工艺作坊,进行民俗手工艺制作表演和商业文化展示,游客不仅可观赏、购买,还能够亲临操作。

旅游工艺品开发设计:拥有一批专业从事旅游衍生品开发生产、旅游工艺品设计的企业,形成研发、生产、展示、销售一条龙。

古镇旅游:每年接待中外游客量达350万人次,旅游收入超10亿元。

2. 构建两大载体

周庄国际艺术品博览中心:通过引进专业的投资管理公司来构建专业艺术品交易市场。该市场拥有开发设计中心、交易展示馆、艺术博物馆、培训机构及相关配套服务设施等六大功能设施。它是华东地区规模最大、专业化程度最高、辐射能力最强的艺术品交易市场。目前已入驻50余家位居全国一线的品牌艺术品生产企业。

创意设计孵化中心：在前庙浜独特的自然环境和农舍结构的基础上，引入一流创意设计人员和研发机构，进行包装改造，使其既有原真性又具有现代时尚理念，打造出不一样的创意设计孵化中心。

3. 形成三条产业链

以美术品为主的艺术品产业链：依托艺术博览中心平台和画家村、画工厂两大载体，形成原创、画品生产、交流展示、交易销售、培训为一体的产业链，把周庄建设成华东地区最大的艺术品创作、生产、展示和销售中心。

以《四季周庄》为主的文化演艺产业链：以现有的大型演艺《四季周庄》为基础，逐步建设一个展示地区文化的、具有浓郁地方特色的演艺中心。与此同时，建设一批特色文化演艺设施，长期吸纳并培育大批本土和外来演艺人才，把周庄建设成为一个以地方戏曲为主的文化娱乐、休闲演艺中心。

以旅游纪念品为主的设计研发产业链：依托苏州大学应用技术学院载体的人才优势和前庙浜孵化中心这一平台，同时挖掘本土的优秀文化并抓住"江南第一水乡"的古镇旅游品牌，逐步形成以旅游经济开发为中心的中国地方旅游产品的制作、设计、展示销售集聚区。

（二）加强综合管理，完善旅游功能

作为全市旅游业的龙头和先进旅游示范区，周庄一直走在时代的前列。为了进一步扩大旅游规模，丰富游客的体验，提升游客满意度，周庄更是不断加强综合管理能力。依托强大的经济基础，周庄于 2014 年 4 月实现了景区 WIFI 全覆盖，这一举措顺应了时代发展对旅游业发展提出的新课题，拉开了"智慧景区"建设的帷幕。随后，周庄启动了订房系统、智慧票务系统和智慧景区管理平台的建设，使其服务水平进一步提升，周庄也因此成为省首批智慧旅游示范基地。2015 年以来，周庄秉持发展"融入古镇生活的旅游"这一理念，进行古镇游览导示系统、电子门票整体解决方案等建设，进一步提升周庄的旅游业发展空间，打造 5A 级服务品牌。

周庄旅游业的发展壮大不仅有赖于高水平的综合管理，还依靠旅游功能的不断完善。在这方面周庄下了大功夫，也取得了显著的成效。为了吸引游客，提高游客的体验度，周庄积极开展各种主题活动和特色项目，其中比较有影响力的，如"第十九届中国周庄国际旅游节暨 2014 周庄水乡风车季"系列活动、"江南俏佳人"、"发现周庄新美好"、"财富之旅"，还有南社百年书院、"周庄声活"有声主播咖啡馆、"乐活周庄"设计师工作室等一系列特色项目。这些形式多样又颇具影响力的活动,使得周庄整个景区的环境品质得到进一步提升。

(三)围绕"水乡"做文章,提升游客体验度

《四季周庄》作为中国首部呈现江南原生态文化的水乡实景演出,给周庄的游客留下了极为深刻的印象,它描绘了周庄人民与水和谐相处的生活画卷。周庄与"水"息息相关,因此通过打造"水上游"可以架起周庄与游客之间的桥梁。当游客坐上手摇船,在水巷中慢慢划行,就犹如在画中一般,古朴怡人的水乡气息扑面而来。水是周庄的灵魂,它造就了周庄"小桥、流水、人家"的水乡风貌,发展体验式旅游,周庄大胆做活了"水文章"。

2014年,古镇"水上游"项目已经成为周庄所有旅游项目中的第一名。古镇水上游分为"环镇水上游""万三财道"及"古镇水巷游"三条线路,高中低端全部覆盖,线路各有侧重,运行时间与路程距离也不相同。其中,"环镇水上游"主要运力来自四艘造价均为100多万元的画舫式游船,定位客群精准,线路规划合理,让游客换种方式进周庄:从停车场下车即可直接从"陆路"换成"水路""进庄"。截至2014年12月22日,该线收入已逾850万元,较上年同比增加100%。游船的软硬件可谓业内领先:船体全部为钢结构,内部均配备先进的动力设备,美国产的发动机,速度快,几乎零噪音。而配备的船娘均经过严格的专业培训,年龄也在30岁左右。每年的7、8月份,游客置身画舫,在凉风习习中还可以欣赏到周围艺术院校高才生们演奏的国粹昆曲。"万三财道"则侧重于对周庄名人沈万三故事的挖掘,更好地扩大周庄的文化品牌效应。最接地气的要算"古镇水巷游"项目,截至2014年12月22日,该项目的收入已逾1400万元,同比增长40%。为应对此线爆棚的人流,游船公司还设立了浮动码头,对人群加以疏导驳载,并在黄金周、双休日增加出航次数,加强运力。① 周庄积极创新营销模式,不断提升游客的体验度,进一步提升了"中国第一水乡"的旅游品牌价值。

三、经验与启示

周庄之所以能取得如今的成果,与其准确定位自身优势,勇于探索新模式,积极打造文化创意产业密不可分。那么周庄模式有哪些成功之处可以为

---

① 围绕游客体验度,紧盯精细做文章引自昆山市周庄镇人民政府网[EB/OL],http://www.ks-zhouzhuang.gov.cn/news/focus/2014-12-26/686.html.

后来者借鉴呢?

(一) 重视培育新的产品和服务,扩大旅游业规模

旅游业规模的扩大离不开完善的服务设施。交通方面,周庄陆路交通发达,陆路距上海市区60公里、苏州市区38公里、昆山市区30公里。周青(浦)公路接318国道,距上海虹桥国际机场约50分钟车程,昆(山)周公路接苏沪机场路25分钟车程,接沪宁高速公路35分钟车程。上海、苏州、昆山、青浦都有直达周庄的公交车。住宿方面,周庄不仅有周庄宾馆和周庄大酒店等星级宾馆,还有澄湖度假村、周庄云海度假村等住宿设施,此外还有不计其数的私人宾馆;饮食方面,周庄有水之韵大酒店、沈厅酒家、纸箱王创意餐厅等特色酒家,让游客在品尝特色苏州美食的同时,品味地地道道的苏州文化,体验苏式慢生活。娱乐方面,游客可以看昆曲表演,感受六百年文化传承,听评弹声起,品水乡生活的味道,可以游走在文化艺栈,弹奏古琴,赏赏二胡,寻觅知音,还可以观看喜气洋洋的民俗表演,感受原汁原味的四季周庄带来的惊喜。有如此丰富的旅游产品和服务,怎能让游客不对其魂牵梦绕?

旅游业是一种无边界产业,与很多产业都有一定的联系,而且现在产业与产业之间的界限越来越模糊,产业间的融合已经成为产业发展的一种新趋势。作为周庄的主导产业和优势产业,周庄古镇旅游通过多年来的经验已经形成了一定的品牌。[①] 在此基础上,周庄不断延伸旅游产业链,积极培育新的产品和服务,使周庄的发展越来越具有规模效应。

(二) 充分发挥资源优势,发展创意旅游

周庄不仅有保存完好的人文景观,还有底蕴丰厚的文化积淀,可以说周庄拥有发展旅游业得天独厚的优势。但是,仅仅有资源优势是不够的,周庄文化创意产业园走的是创意发展之路,在充分挖掘资源的文化内涵的基础上,还得丰富活动内容,使其特色更鲜明,品位更高雅。周庄文化创意产业园立足周庄水乡古镇的独特风貌,着眼于旅游文化产业结构的优化,打造一条以市场为导向、以创新为动力、以创意为核心的新型旅游文化产业。

周庄在发展的过程中极其注重游客的体验参与,努力为游客打造主动的、多变的、经历型的旅游活动,通过游客的参与增加他们的游玩经历,全方位加深游客对周庄的印象,使他们更真切地体会周庄文化,融入周庄生活,这种游

---

① 张冬冬,华璟.周庄旅游业发展路在何方?[J].经济咨询,2009(2).

客体验式的旅游方式不仅吸引了新的游客,更抓住了老游客。古镇"水上游"项目就是周庄发展体验式旅游的成功范例。除此之外,周庄在旅游活动的开发过程中,将创意产业与旅游业相融合,开发了许多创意旅游产品。周庄文化创意产业园由于走特色发展之路,获得了全球游客的青睐和驻足,并向国家级特色文化产业园区迈进。

(三)加快旅游业转型升级,提高效益

周庄镇重点突出旅游转型和特色产业升级,围绕提高产品附加值和产业结构层次做文章。推进旅游产业更深更广更全面的转型升级,重点围绕"三个吸引",即吸引游客消费、吸引游客过夜、吸引游客再来。具体来说,就是通过深化古镇区业态调整,加强和创新旅游管理及旅游服务,加快大项目引进和建设,加快旅游产业由单一观光游向休闲乡村游、文化体验游、生态度假游、遗产体验游、民俗体验游、专题主题游等深度综合体验游发展。推进特色产业化蛹成蝶,增加产出,提高贡献。将"品牌优势"转化为"发展优势",尤其要改变传统产业小而散的现状,着力引进和培育物联网方案解决和整合能力强的龙头企业,加快推进远望谷物联网产业园项目的建设,支持韦睿医疗、日久新能源、天重星光电等企业壮大,加快文化创意产业链集聚,组团发展,重点推进马利画材、德必创意等品牌项目落户周庄。①

【思考题】

1. 周庄发展文化创意产业存在哪些优势和不足?
2. 有人说周庄商业气息过于浓厚,客流量巨大,一些古建筑遭到破坏,从可持续发展的角度思考如何平衡周庄旅游资源的保护与开发。

---

① "三个吸引",拉长旅游产业链引自昆山市周庄镇人民政府网[EB/OL]. http://www.ks-zhouzhuang.gov.cn/news/focus/2014-02-28/377.html.

案例二 苏州园林：苏州的名片，世界的园林

一、基本情况

园林是苏州文化的精华之一，是苏州旅游业的重中之重。全国有四大名园，苏州就占据了"半壁江山"。"中国园林是世界造园之母，苏州园林是中国园林的杰出代表"，这是联合国教科文组织遗产委员会第21届会议对苏州古典园林的高度评价。申遗扩大了苏州园林在世界的知名度，首批列入《世界遗产名录》的园林有拙政园、留园、网师园、环秀山庄。古典园林旅游是苏州开发最早的一项旅游项目，苏州园林作为中国传统文化的精华，已成为苏州旅游的灵魂，是苏州全方位发展旅游产业的"有效载体"和无法替代的聚焦品牌。[①]今日之园林从两千多年的历史中走出来，拂去了身上的浮尘，显得更加娇媚，它为姑苏古城增添异彩，是苏州的骄傲，天堂的象征！

苏州园林源远流长，始兴于春秋，发展于晋唐，繁荣于两宋，明清全盛时有200多处园林遍布古城内外，直至今天，保存完好的尚存数十处，分别代表我国宋、元、明、清南方园林风格，即运用灵活多变的园林空间处理，在城市住宅旁有限的空间里因地制宜，采用叠山理水、植物配置等高超的造园艺术技巧和手法，浓缩自然界美好的山水风光，构建典雅优美、精雕细刻的园林建筑群体，使人"不出城郭而获山水之怡，身居闹市而得临泉之趣"，充分反映了古代江南地区高度的居住文明和城市建设的科学技术水平。

苏州园林是中华瑰宝，是古城苏州的灵魂。几十年来，苏州市园林管理局先后投入2亿多元资金用于修复、修缮大批园林。环秀山庄、艺圃、耦园等一批具有代表性的古典园林得到了抢救和恢复，市区现对外开放的园林有24处。除修复园林外，苏州市园林管理局还对已开放的园林进行整体保护，先后修复了拙政园南部古典住宅区、留园祠堂、狮子林祠堂、耦园的西部园子和中部住宅部分，使这些古典园林终成完璧。在修复过程中，工程技术人员尊重历

---

① 曹文捷.苏州园林旅游的现状问题及对策[J].经营管理者,2009(19).

史,慎重确定修复方案,保持了每座园林的原有风貌,不仅使古典园林得以整体保护,而且还向中外游客展示出不同朝代、不同风格、不同底蕴的园林群体,奠定了园林城市的龙头地位。[①]

近年来,苏州利用古典园林进一步开拓旅游空间,随着古典园林申报世界文化遗产获得成功,参观园林的游客络绎不绝。苏州园林拥有丰富的艺术魅力和博大精深的内涵,只有悟出其真趣,探得其真谛,才能感受其灵气。苏州园林作为全人类的一笔宝贵财富,一定会在未来绽放出更加绚丽的光彩。

二、具体做法

(一) 加大宣传力度,重塑经典旅游品牌

苏州旅游资源的价值高,美学价值、历史文化价值和经济价值都十分突出。苏州传统经典景点的分布比较集中,特别是知名度最高的古典园林,大都分布在古城区,交通十分便捷,容易形成集群效应和整体优势。苏州市相关旅游管理部门在充分挖掘文化资源和环境优势的基础上,不断扩大古典园林的影响力,打响"天堂苏州,东方水城"的城市旅游品牌。

1997年,苏州以拙政园、留园、网师园、环秀山庄为典型例证的苏州古典园林被列入《世界遗产名录》,2000年沧浪亭、狮子林、艺圃、耦园、退思园作为苏州古典园林的扩展地也被列入《世界遗产名录》,2011年苏州古典园林又入选"中国最具有国际影响力旅游目的地",苏州园林成为中华文化旅游的国际品牌。2011年在被称为"世界的十字路口"的纽约时报广场曾展出以"中国苏州,一座2500年的城市"为主题的苏州城市形象宣传片,这是苏州面向世界塑造城市品牌的一次成功尝试。

如今,苏州园林在加强品牌宣传的基础上,不断推出系列特色旅游活动,如虎丘艺术花会、金秋庙会、拙政园杜鹃花节、荷花节、留园春节时令花展、牡丹景点,留园"吴歈兰薰"吴文化游、网师园特色夜游、怡园水仙展、狮子林迎春梅花展、秋季菊花展、沧浪亭兰花展、耦园水乡风光游、天平山红枫节、石湖百花节、石湖串月等,这些活动已经成为苏州精品旅游项目,成为中外聚焦的"世界品牌",每年吸引中外游客近千万人次。

[①] 徐文涛.蓬勃发展的苏州园林旅游业[J].中国城市经济,2000(1).

（二）保护与发展并举，实现可持续发展

旅游资源的开发在一定程度上会对某些旅游资源造成破坏，这说明旅游资源的开发与保护是对立的关系。然而发展旅游业所取得的经济利益却能够为旅游资源的保护提供资金支持，而且，随着旅游业的发展，对旅游资源的重视程度增强，旅游资源可以得到更加及时的维护，从这个意义上说，两者又是统一的。苏州园林作为拥有几千年历史的宝贵旅游资源，更需要处理好保护与开发的关系。

苏州市历届政府一直高度重视古典园林和风景区的保护管理工作。近年来，苏州市园林管理局坚持"真实性、完整性"和可持续发展原则，进一步加强资源保护、维修建设、配套完善、管理服务等方面的工作，塑造了苏州园林景区的品牌形象。同时，苏州市园林管理局加大了保护管理的有效投入，重点实施了石湖景区建设、虎丘景区扩建、古城墙保护修缮，以及园林博物馆新建、动物园综合改造、耦园和怡园综合整治、拙政园住宅维修、专类盆景园改造、天平山范仲淹纪念馆建设等几十项重点工程，先后整治和改造拙政园、留园、狮子林等主要古典园林的四周街景，极大地推动了园林景区的升级转型和可持续发展。同时，苏州市园林管理局高度重视文化遗产的保护和管理，自主开发并运用世界遗产·苏州古典园林监测和预警系统，被国家文物局列为全国世界文化遗产监测预警信息系统试点项目；编制《苏州古典园林"十二五"保护管理规划》等，推进监测机制、环境容量和三维扫描数据采集等基础性研究，世界遗产保护管理工作更加规范、科学、有效；调整和充实匾额、楹联、家具、陈设和碑刻，编辑出版园林文化丛书和苏州风景园林志书，加强园林植物文化性研究和古树名木保护管理，充分挖掘园林景区的文化内涵。

（三）开发文化创意旅游产品，实现园林旅游业新发展

"苏州园林甲天下"，但在新的传播环境下，如何让古典园林的文化精髓鲜活灵动起来，被更多的人了解和欣赏，渗透行走在今天的生活中已经成为园林部门关注的焦点。2014年12月30日，苏州古典园林狮子林做出新的尝试，它与专业旅游产品投资开发公司"苏州好风光"牵手合作，制造出独具"狮林心意"的文化创意旅游产品。作为世界文化遗产、苏州四大名园之一的狮子林，每年有高达150万人次的入园量。狮子林既拥有苏州古典园林的文化艺术精髓，又有独具造型与气势的狮林假山群，素有"假山王国"之称。此次合作，苏州好风光专业文创团队通过对狮子林历史文化的梳理与对当代人理解的把

握,对狮子林的形象语境进行了提升,提出"每个人心中都有一座山"的新品牌语境,并将其活化成"见山""真趣""问梅""指柏"四大产品类型,激发每位游客对于一座园、一座山的遐想与共鸣。借此文化探寻,他们研发出具有独创精神与文化底蕴的专属旅游商品。① 苏州古典园林将进一步开发该园林的文化特色,综合提升其艺术价值,以此来扩大自身的影响力,也由此迈出了专业研发"园林活化、文化再生"的崭新一步。

三、经验与启示

(一)利用社会经济条件打造区位优势,为旅游业发展助力

苏州是长江三角洲经济圈北翼重要的副中心城市之一,作为一座现代化程度较高的城市,苏州是江苏省重要的经济、对外贸易、工商业中心,重要的文化、艺术、教育中心和交通枢纽,同时也是中国最具经济活力城市、国家卫生城市、国家环保模范城市和全国文明城市之一。它拥有中国乃至亚洲最大的内河航运港口——苏州港,四通八达的铁路和公路交通网与全国各大城市相连,交通运输十分便利。苏州历史悠久,人文荟萃,以"上有天堂,下有苏杭"而驰声海内。秀丽典雅且有"甲江南"声名的苏州园林、小桥流水环绕姑苏城内,令人心驰神往。

旅游业的发展在一定程度上依附于当地的经济基础,繁荣的经济基础是当地旅游业发展的强大后盾和可靠依托。苏州园林旅游业的发展能够取得今天的成绩不仅依靠其丰厚的历史积淀和文化底蕴,更有赖于其雄厚的经济实力。苏州政府非常重视旅游业的发展,注重对旅游业的投入,使得苏州的经济发展和旅游业的繁荣形成双向互动的良性循环,两者相互促进,共同发展。所以,地区政府必须充分重视旅游业的发展,努力为其打造区位优势,并推动其实现可持续发展,如此才能扩大旅游业的影响力,吸引外地游客前来消费,并为当地经济发展做贡献。

(二)依法保护、科学管理,为园林旅游业发展提供保障

依法保护、科学管理始终是风景园林事业的核心。保护和发展的历史轨迹和不同时期留下来的真实轮廓,形成了一个城市风景园林的个性和特色,是

---

① 人民网:苏州园林启动旅游文创产品专业研发,狮子林率先"试水"[EB/OL],http://www.ylj.suzhou.gov.cn/Info_Detail.asp? id=16980.

城市建设的一项重要内容。21世纪后,苏州持续开展园林修复工作,先后修复羡园、惠荫园、万氏庭园、朴园、五峰园等,新辟苏州园林博物馆、园林档案馆。2013年可园、柴园、寒山别业等古典园林又被列入保护修复计划。除了修复园林外,苏州还大力开展城市绿化、现代公园和风景区建设,先后建成现代公园10余座、城市小游园100余座、国家太湖风景名胜区8个景区、100余个景点,虎丘、枫桥等5处江苏省风景名胜区,以及其他风景名胜区10余处。积极开展创建国家园林城市和国家生态园林城市活动。

为了更好地依法保护古典园林,将苏州园林的保护工作纳入法制化轨道,苏州市根据国家《文物法》《环保法》《风景名胜区管理条例》等法律法规,结合苏州园林保护工作的实际情况,经江苏省人大常委会审议批准,颁布我国第一部园林保护和管理的地方性法规《苏州园林保护管理条例》,而后,又先后制定颁布了一系列地方性法律法规,主要有《苏州市园林保护和管理条例》《世界文化遗产苏州古典园林监测工作管理规则》《世界遗产苏州古典园林保护规划》《苏州市风景名胜区条例》《苏州市城市绿化条例》《苏州市古树名木保护管理条例》以及旅游规划和措施等,确保园林行业有法可依,依法办事。①

(三)不断创新旅游发展模式,再创园林旅游新辉煌

正所谓一流的销售是"卖概念",苏州园林的营销,应当不满足于"门票经济",而是要把精力更多地投放在销售"影响力"上。如今,旅游市场竞争激烈,需要园林部门主动开掘更多的文化资源,挖掘更多适合现代人审美方式与习惯的新作品、新样式、新活动,并进行跨界合作,积极探索新的合作方式,才能让苏州园林的美誉度不断提升。

在苏州市园林和绿化管理局、苏州市旅游局的推动下,拙政园与贵州梵净山景区于2013年4月达成景区结对合作意向。两大景区在品牌宣传、文化交流、业务学习、管理经验交流等诸多方面合作互通、共同发展,达到合作共赢,实现景区战略发展联盟。目前第一阶段合作细节已经落地,主要有:①在2012年梵净山在拙政园成功举办图片展的基础上,拙政园在梵净山进行灯箱图片广告宣传;②拙政园继续为梵净山在景区游客中心等区域发放其游览图折页;③借梵净山旅游商品开发资源和经验,合作启动拙政园特色旅游商品研发;

---

① 为美丽苏州再创佳绩[EB/OL], http://www.szgujian.com/Appreciation_Article.aspx?Id=419.

④各自分别赴对方景区学习交流园艺栽培、经营管理等经验。从合作的内容不难看出,这种合作发展的模式有利于拙政园和梵净山达到双赢的效果,同时,对于扩大拙政园在贵州地区的影响力,拓展苏州园林的市场范围将会产生积极的作用。[1]

2014年4月初,苏州拙政园推出的"私人定制"活动受到了广大游客的追捧,使得拙政园游客量涌现小高潮。现如今,在保留原有活动项目流程的基础上,产品内容再度提升,为游客增设品茶、享苏式早点、赏评弹演出等苏州特色文化项目,让游客更全面地体验地道的精致苏式慢生活。[2] 创新的发展模式,为苏州园林业的发展注入了新的活力,使苏州园林得以不断地传承经典,续写辉煌!

【思考题】

1. 苏州大大小小的园林很多,如何能够突出它们各自的特色?在拙政园、狮子林等著名园林享誉国际的同时,如何定位苏州其他园林的发展之路?

2. 根据国外园林的发展状况思考其园林旅游业的发展有哪些可以借鉴的地方。

---

[1] 拙政园与贵州梵净山景区合作发展意向成功落地[EB/OL],http://su.people.com.cn/n/2015/0106/c211248-23460320.html.

[2] 拙政园"私人定制"再推升级版 增添苏州特色文化项目[EB/OL],http://su.people.com.cn/n/2014/0721/c211248-21730885.html.

案例三　苏州吴中太湖旅游区：跨步迈进"后5A"时代

一、基本情况

吴中区原名吴县,已有2000多年的历史,位于苏州古城南部,濒临太湖。全区辖东山、金庭、木渎、甪直、光福等七镇八街道,拥有1个国家旅游度假区、1个省级经济开发区和穹窿山风景管理区。吴中区风光秀美,资源丰富。拥有五分之三的太湖水域及太湖58峰,有6个太湖国家风景名胜区、6个国家4A级旅游景区、2个国家森林公园、1个国家地质公园、1个国家现代农业示范园区、2个国家湿地公园、7个全国农业旅游示范点、4个全国特色景观旅游名镇村、1个国家3A级旅游景区,开放景点多达60余个。在吴中,游客可以在西山明月湾感受吴王夫差携美女西施共赏明月时的心情,到木渎寻找乾隆皇帝六下江南的印记,在穹窿山参悟智谋千古《孙子兵法》十三篇的奥秘,在光福香雪海欣赏梅花烂漫风情,到东山领略江南第一楼雕花楼的胜景,也可以到陆巷古村拜访被称作"海内文章第一,山中宰相无双"的唐伯虎的老师王鏊的故居,可以体验被称作针尖上的舞蹈的苏绣,或者什么也不做,只是坐下来泡上一杯碧螺春,细细感受一缕茶香醉吴中……①

吴中太湖一直以其优美的自然山水和独特的人文历史而受到全球游客的关注。吴中区政府高瞻远瞩,整合利用太湖山水的独特优势,捆绑太湖东山、旺山和穹窿山三大景区的八大景点,突出"苏州吴中,太湖最美的地方"这一旅游品牌,全面提升环太湖旅游的整体形象和核心竞争力,全力将苏州吴中太湖旅游区创建成为高品质的国家5A级旅游景区,将环太湖旅游业打造成为吴中区的战略型支柱产业。吴中太湖旅游区于2013年1月正式获批国家5A级旅游景区,成为苏州第五个5A景区,这对吴中区的旅游业发展具有战略里程碑意义。同时,这也为吴中景区的抱团发展提供了新模式和新思路,为环太湖旅游圈的建设和苏州旅游产业的全面快速发展带来了前所未有的动力。

---

① 苏州吴中旅游产业跨越提升全面走进太湖时代[EB/OL], http://www.taihutravel.com/News/Detail/1172? sign=ztbd.

近三年来,随着太湖文化论坛、太湖一级游客中心、中国工艺文化城等重点旅游项目的相继投入使用,吴中太湖旅游品牌的知名度也在不断提升。对于"后5A"时代的突破,吴中区旅游局也有了下一步的设想,通过旅游产业"吃、住、行、游、购、娱"的全景整合,促使单一观光式的旅游产业向"体验经济"引领的"复合产业"转型,从"浅层观光"向资源化的"深度体验"转型。①

二、具体做法

(一)整合创5A,扩大区域影响力

近年来,吴中区坚持"走进太湖时代"发展战略,依托丰富的旅游资源,在发展大产业、大旅游思想的指导下,把穹窿山、东山、旺山景区和苏州太湖国家旅游度假区中心区整合起来,创建国家5A景区,力争把苏州吴中太湖旅游景区打造成一流的滨湖休闲度假旅游名区。

吴中区调整在5A级景区的创建过程中,旅游发展组织机构,并且组建苏州太湖旅游发展集团有限公司,全面负责实施统一规划、统一管理、统一营销、统一宣传和统一品牌,并吴编制了《苏州市吴中太湖旅游区创建国家5A级旅游景区提升方案》,重点围绕游客中心网络建设、交通体系建设、综合品质提升和管理体系完善四大方面:建设和完善三级游客服务中心网络,通过一级游客服务中心和东山景区、穹窿山景区、旺山景区二级游客服务中心的建设,以及各分景点三级游客服务中心的提升改造,将区内游客服务中心网络建设成为水陆并用、多级服务的景区服务网络,实现信息联网、宣传联动、服务联通的旅游服务体系;交通方面,通过连接周边机场及旅游集散中心、无缝对接周边高架桥及轻轨线,以及开辟水上交通线路,增设旅游专线车、水陆两栖巴士等方式完善交通网络体系;在旅游服务方面,重点完善了11个游客中心,新建建筑面积达3.4万平方米的太湖旅游中心,通过完善配套功能,增加便民服务设施,全面打造"感动服务",提升导游服务质量,为游客提供全方位、一站式满意服务;在综合管理方面,太旅集团下属景区管理公司、车船管理公司、三和实业公司和风尚酒店投资公司,对旅游区实施统一规划、开发、管理和营销,积极围绕"吃、住、行、游、购、娱"六要素产业链,创新发展经营理念,打造特色线路产

---

① 吴中旅游寻求"后5A"突破[EB/OL],http://www.visitsz.com/gov/info/201312091386553649.html.

品,加快要素资源建设,为太湖旅游发展注入了鲜活动力。①

(二) 创新旅游营销模式,发展"智慧旅游"

苏州市吴中太湖旅游区自成功创建国际5A级景区后,积极响应国家旅游局提倡"智慧旅游"的号召,优化官方网站、微信、微博等自媒体平台,集合资源,加大投入力度,逐步完善智慧旅游营销体系,极大地提升了旅游区在国内外散客中的影响力。

第一,加大新媒体的应用。新媒体是发展智慧旅游不可或缺的重要工具,在提升信息服务和扩大影响力方面发挥着越来越重要的作用。吴中太湖旅游区通过其官方网站"太湖旅游网",官方微信"趣太湖"以及微博公众平台等网络营销窗口,构建高质量的旅行攻略信息服务平台。

第二,完善监控系统。吴中太湖旅游区共设置了272个监控摄像头,对景点、客流集中地段、停车场、码头、事故多发地等进行实时监控,方便指导控制,并为灾害预防、应急预案制定等提供即时决策依据,保障游客安全。

第三,扩大WIFI应用建设。为了让游客在旅途中及时了解景区动态、最新活动和出行方面的相关信息,吴中太湖旅游区不遗余力地进行景点的WIFI应用建设。此外,注重优化三级游客中心,为游客提供更好的基础服务。

经过不断的努力,太湖旅游区的微信、微博官方平台粉丝数量正以数倍甚至数十倍的量级增长,在太湖旅游产业协会组织的数次活动中发挥了积极有效的宣传作用。旅游区的穹窿山在"森林醒脑节"活动开展过程中巧借张辛苑、老湿、背包客小鹏等网络红人的影响力,扩散"醒脑节"的影响范围,在BBS、NEWS、微博minisite、微信平台铺设相关内容,最终辐射23.5亿人,取得了很好的传播效果,同时,共有约5.4万名"战粉"通过移动互联网的多种形式积极关注本次活动并踊跃参与。② 吴中太湖旅游区通过智慧旅游的营销手段有效地提升了品牌影响力,推动了散客市场的持续增长。

(三) 重点打造生态旅游

吴中742平方公里陆地面积中,被森林覆盖的丘陵山地面积达154平方公里,洞庭山、灵岩山、天平山、穹窿山、邓尉山、上方山、七子山、天池山等八大

---

① 苏州市吴中太湖旅游区:跨步迈向"后5A"时代[EB/OL],http://www.taihutravel.com/News/Detail/1953? sign = ztbd.

② 苏州市吴中太湖旅游区智慧旅游成效凸显[EB/OL],http://gov.szthly.com/show.asp? id = 2183.

山体绵延不绝,风景秀美;588平方公里的平原上,水网密布,绿树成荫,"小桥流水人家"点缀其间,如诗如画,风姿迷人;还有两个国家森林公园和一个国家地质公园掩映在湖光山色之间。① 吴中区拥有三分之二的太湖山水,依托丰富的旅游资源和2000多年的文化底蕴,以国家级生态区、国家5A级风景区、全国文物工作先进区、全国公共文化服务体系示范区和全国生态文明建设试点区等众多"国字号"招牌为引领,充分发挥生态环境、文化底蕴和旅游资源互补优势,不断推进生态、旅游和文化三大产业之间的融合发展,使苏州旅游从"园林时代"走向"太湖时代",并不断强化吴中区作为苏州旅游"第一强区"的品牌效应。

对于吴中而言,不同特色的乡村本身就是天然的旅游资源。吴中区将着力发展农业旅游、文化旅游,加强美丽村镇建设。随着现代旅游业朝着休闲度假型的方向发展,主题农庄、度假村、乡村俱乐部等模式越来越受到广大游客的青睐。吴中区将按照这种发展趋势,开拓旅游产业发展的新空间。

(四)全面提升基本旅游要素,构建发展新格局

2013年年初,吴中区制定了"6+4"旅游业全面提升计划,即"吃、住、行、游、购、娱、安全、宣传、投资、督查"十项重点提升内容,全面推进吴中旅游产业整体提升工作,力争使旅游业增加值占全区GDP比重的10%,旅游产业规模和效益水平处于全市领先地位,把吴中打造成"苏州第一旅游强区"。② 在"游"方面,通过不断挖掘新的旅游线路,进一步发挥太湖山水的资源优势,同时,加大太湖市场的宣传,扩大影响力。在"购"方面,培育体现太湖文化特色的纪念品,创立特色购物品牌,营造让游客信赖的消费环境。

吴中区充分利用环太湖得天独厚的旅游资源,着力打造"太湖美景精品、文化旅游名品、度假休闲新品",确立从旅游景点发展到旅游产业发展的长线、纵深经营思维,不断提升区域旅游产业的核心竞争力。首先,制定《旅游发展总体规划》,以太湖国家旅游度假区为核心,制定"两轴、两带、三区、多节点"的总体旅游发展格局,围绕旅游核心产业和关联服务产业,构建产业集群,推动转型升级,努力将吴中环太湖旅游区打造成为苏州休闲度假旅游的引领者、

---

① 唱响山水苏州 构建人文吴中——苏州吴中七大优势促科学发展[EB/OL],http://xh.xhby.net/mp1/html/2008-10/17/content_9853248.htm.
② 规模最大游客服务中心落成 太湖旅游迎来大整合时代[EB/OL],http://jsnews.jschina.com.cn/system/2013/06/21/017715890_01.shtml.

华东旅游的重要节点和具有"国际水准、江南特质"的滨湖休闲度假旅游名区。其次,形成多元复合的旅游产品体系。按照大旅游、大市场、大项目、大投入、大产出的要求,建立以观光产品为基础、休闲度假产品为重点、特色旅游产品为补充的复合产品体系,重点突出"太湖休闲度假"主题。依托太湖文化论坛的建成使用,全力打造"中国太湖历史文化展示中心",打响太湖会议度假品牌。加快发展休闲体验、观光互动、渔家风情、运动竞技、高端商务等太湖水上旅游产品,错位实施太湖岛屿旅游项目开发,形成水上旅游产品链。①

三、经验与启示

(一) 不遗余力创品牌,提升区域影响力

品牌对于旅游产业来说无疑是最好的名片,而"5A"则是所有名片中含金量最高的一个。国家5A级旅游景区,是全国景区评定中标准最严、要求最全、等级最高、分量最重的旅游景区,是旅游产业的"金字招牌"。吴中太湖旅游区的营销通过采取区域整合和深度联合的方式取得了显著效果:借助吴中旅游大使韩雪,在央视、江苏卫视、旅游卫视、苏州电视台等主流媒体连续投放15秒形象广告;在周边高速公路沿线、出入口,市区高架沿线、主干道两侧设置高炮、灯箱、看板等展示吴中旅游平面广告;在区内44个景区、宾馆设置了资料展示架,主动投放吴中旅游杂志、导览图、旅游指南、宣传折页等宣传资料。强化太湖旅游官方网站及吴中旅游新浪微博、腾讯微博宣传,开展新浪微博"又见吴中,带着微博去旅行"活动,相关微博转发33万余条,广告总曝光量达67万余次,吴中旅游官方微博荣获"苏州市十佳基层政务微博"称号。② 此外,吴中旅游还通过微信、微电影等开展"微系列"新媒体宣传,抢占媒体市场,实现全区覆盖。

同时,狠抓宣传推介,全力放大品牌效应。吴中太湖旅游区在品牌宣传上加大推介力度,重视立体营销,通过电视、网络、新媒体等手段进行品牌宣传,打造了全方位、宽领域、多角度的宣传格局。除此之外,吴中太湖旅游区还注重通过品牌营销和合作营销来进行品牌推广。在进行品牌营销时,重点加强

---

① 苏州吴中旅游产业跨越提升全面走进太湖时代[EB/OL], http://www.taihutravel.com/News/Detail/1172? sign = ztbd.

② 吴中旅游寻求"后5A"突破[EB/OL], http://www.visitsz.com/gov/info/201312091386553649.html.

"太湖,苏州的绿色请柬"等品牌在各大主流媒体的宣传力度,积极打造世界级赛事落户度假区的"金名片";在进行合作营销时,重视加强客源目标市场的分析研究,加大宣传推介力度,加强信息互通、客源互送。此外,适逢节假日时,吴中太湖旅游区会通过组织形式多样的系列活动进行节庆营销,抓住时机搞宣传,比较有名的活动如太湖梅花节、太湖龙舟赛等。

(二) 打造精品景区,注重服务品质

第一,完善基础配套设施,重点打造精品景区。首先,完善旅游交通设施,优化游客中心的服务;其次,完善相关游览服务,一方面加强对餐饮、住宿、娱乐等设施的建设,另一方面保障景区标牌、交通标识和导游配置;最后,完善旅游安全保障工作,优化景区应急救援体系。

第二,推动旅游产品转型,实施特色旅游服务。面对散客时代的到来,吴中太湖旅游区积极转变以传统观光为重点的发展模式,不断丰富旅游产品的文化内涵,创新产品的设计,打造富有苏州文化特色的休闲度假产品。通过提供专项特色旅游服务产品使游客感受江南风情,体会苏式生活。

第三,巩固长三角客源,扩大中远程市场。通过举办社区营销和旅游推介会等形式,巩固苏州市场,扩大上海的市场份额。与此同时,加强吴中太湖旅游区与各大旅行社的合作,进行客源城市的宣传推介,使其宣传资料进社区、进高铁、进机场,扩大中远程市场。

第四,完善散客服务体系,提升服务品质。整合交通、医疗、社区服务等公共服务功能,形成无障碍旅游保障方案,为游客提供一站式咨询和服务,以提升游客满意度。同时,进一步完善旅游服务配套设施的提升改造,加强旅游从业人员培训,提高服务品质。[1]

(三) 坚持发展与保护同步,走可持续绿色发展之路

加强生态资源的保护和合理开发利用,积极提倡生态低碳,通过对低碳产业、低碳交通、低碳基础设施和生活方式的引导,打造低碳、生态、高品质的滨湖区域,走"绿色发展"之路。[2] 优美的山水自然资源和丰富的历史人文资源,是吴中区的两大独特资源。山水自然资源和历史人文资源具有历史性、珍贵

---

[1] 度假区积极应对旅游市场 谋划旅游品质提升[EB/OL]. http://www.sztaihu.gov.cn/news. asp?id=2977.

[2] 沈爱华. 新时期旅游度假区发展思路的探析——以苏州太湖国家旅游度假区为例[J]. 江苏城市规划,2012(11).

性、唯一性和不可再生性。"山水苏州,人文吴中"的发展理念作为吴中区当前和今后发展的一张魅力名片,已深得全区人民的拥护。吴中区确定的发展与保护一体、质量与效益并重的"绿色发展"之路就是立足这两大资源优势,走了一条保护型、发展型、科学型和资源欣赏型的发展之路。吴中人都有这样的共识:生态环境不仅是一种魅力和引力,而且是持久的生产力、最大的生产力,随着人们对生态价值的认识不断深入,这个生产力一定会得到巨大释放。"坚持发展保护两相宜,实现质量效益双提升",是吴中区实现永续发展的主题,是吴中人共同的发展理念。

(四)加强综合管理,提高品牌质量

吴中区在推进太湖吴中旅游区创建国家 5A 景区二期工程的同时,加快建立完善的游客服务中心体系,全面提升品牌质量。主要从以下几个方面努力:第一,推进紫兰晓筑明清街、山塘街、香溪西路等项目建设和木渎古镇竹园路游客集散中心、古镇游客中心等游客接待功能设施的改造建设。第二,加快东山地区的休闲度假旅游和古村落旅游开发,推进西山中国休闲旅游示范岛建设。第三,重点加强光福景区、天池山—花山景区、白象湾景区 4A 级景区创建指导。第四,重点对游客服务中心、标识标牌、旅游厕所、停车场、综合管理等软硬件建设等方面提出了整改意见。积极申报创建江苏省乡村旅游综合发展实验区。依托全区旅游服务业全面提升工程,力争实现吴中休闲旅游业向品质化、标准化、国际化转变。通过努力,使旅游业增加值占全区 GDP 比重达 10%,旅游产业规模和效益水平处于全市领先地位,切实将吴中太湖初步打造成环太湖旅游龙头、长三角知名滨湖休闲旅游目的地。①

狠抓综合管理,提升品牌质量,这需要吴中太湖旅游区工作人员的共同努力。大力构建诚信服务体系,强化行风建设,广泛开展诚信经营教育,切实提高旅游行业文明程度和从业人员文明素质;大力开展行业规范管理,加强旅游购物场所管理力度、宣传引导;大力加强旅游队伍建设,注重引进规划策划、产品开发、市场营销、酒店管理、高级导游等旅游人才,加快培养优秀导游员、企业职业经理人等复合型紧缺人才。

---

① 吴中旅游寻求"后 5A"突破[EB/OL],http://www.szthly.com/a/20140708/20140708200913001324563193.html.

【思考题】

1. 未来旅游度假产业的发展方向是什么？
2. 如何把苏州吴中太湖旅游度假区打造成国际旅游度假品牌？

第七章 吴文化与书画工艺文化产业

概 述

工艺美术是中华民族传统艺术中的一块瑰宝,苏州书画工艺是这块瑰宝中最夺目的一部分,以其历史悠久、品类齐全、人才辈出、技艺精湛而蜚声中外。苏州传统工艺美术产业种类繁多,主要有刺绣、缂丝、宋锦、玉雕、木雕、石雕、核雕、彩灯、扇、桃花坞木刻年画等。本章重点探讨桃花坞木刻年画、镇湖刺绣和玉雕工艺的发展情况。

一、苏州发展书画工艺产业的传统优势明显

苏州是传统与现代深刻交融的城市,相较于其他城市而言,得益于深厚的地域文化积淀和坚实的经济实力支撑,苏州发展工艺产业的传统优势十分明显。概括起来有四点:品类多,水准高,规模大,基础强。品类多:现有全国工艺美术的11个大类中苏州拥有10个大类(按国家发改委2006年的分类),各类品种逾3000个,这在全国是绝无仅有的。水准高:苏州刺绣、檀香扇等工艺品的制作水平在国内首屈一指,玉雕、红木家具等工艺也远近闻名。苏州传统工艺品先后有100多种产品获得国际金奖、国家金银奖、部省优质产品称号和中国百花奖,苏州是著名的"工艺美术之都"。规模大:从事工艺美术品的生产单位(包括非传统工艺)有6000余家,年生产销售总值达150亿元左右,从业人员超过15万人。也就是说,将近有2.4%的苏州户籍人口正在从事着工艺产业。基础强:苏州工艺美术人才辈出。先后涌现了11位中国工艺美术大师,15位江苏工艺美术大师和16位江苏省工艺美术名人;在人才培养方面,

有工艺美术专业的正规学校 4 所,业余学校 6 所,有着很好的人才培养体系。①

二、苏州书画工艺产业发展面临重大机遇

苏州是全国首批历史文化名城,是我国最重要的民间手工艺中心之一。苏州工艺美术不仅种类和品种多,而且很多项目在全国乃至世界享有盛誉。目前拥有联合国教科文组织人类非遗代表作 6 项,居全国同类城市之首,国家级非遗代表性名录项目 29 项,列全国同类城市前茅。作为中国发展较快的城市,苏州充分发挥自身资源丰厚的优势,同时不断加强对文化创意产业发展的软硬件建设。2014 年 12 月 1 日,联合国教科文组织发布了正式公告,苏州获准加入联合国教科文组织创意城市网络,成为手工艺与民间艺术之都。自此,历时两年多的"申都"工作终于开花结果,苏州又获得一张世界级的"名片",这也是江苏省内首个获此殊荣的城市。这次成功加入"全球创意城市网络",成为"手工艺与民间艺术之都",是国际社会对苏州近年来全力推进非物质文化遗产保护和大力发展文化创意产业的肯定。

加入"全球创意城市网络",是彰显苏州文化魅力的重要机遇,将更有效地展示苏州的手工艺、民间艺术,使更多的国家和城市认识苏州、了解苏州、喜爱苏州。同时,这也是苏州文化创意产业发展的一个重要契机。苏州市的文创产业,特别是手工艺产业,将得到国际社会更多的关注与有力指导,通过网络内城市的交流、支持,以及联合国教科文组织的相关帮助,非遗保护事业、文化创意产业将会有更多的发展机会。②

三、加快苏州书画工艺文化产业发展的建议

(一)成立保护书画工艺的基金会,支持传统工艺的发展

传统工艺的传承和发展单单依靠政府的扶持和法规、条例的保护是不够的,如果没有专门的基金会来规范行业的发展,那么书画工艺产业的发展将会充满坎坷,市场的发展和人才的培育也容易出现断层。成立相关保护书画工艺的基金会,从创新传统工艺、增加对企业的投入、加大人才培育等方面努力,使书画工艺产业的发展卯足后劲。

---

① 祝贺.苏州传统工艺美术的产业升级与文化传承[J].数位时尚(新视觉艺术),2012(6).
② 苏州荣膺"手工艺与民间艺术之都"[EB/OL].http://www.suzhou.gov.cn/zt/sgyymjyszd_12444/twtj_12445/201412/t20141209_488302.shtml.

（二）扶持书画工艺重点企业，推动传统技艺创新

企业的发展要靠创新，创新的推动要靠竞争。创新是书画工艺产业这类文化产业发展的核心。实现书画工艺文化产业的创新必须通过市场竞争来完成。因此，一方面，政府要对书画工艺产业提供政策支持，出台一些实质性的保护和扶持政策，在创新、技术进步方面给予有力鼓励。另一方面，政府要重点扶持书画工艺产业中的重点企业，通过重点企业的发展带动整个行业的发展，同时为书画工艺产业发展营造有序竞争的氛围。

（三）减少对书画工艺企业的税收，实现骨干企业的可持续发展

上个世纪，苏州书画工艺骨干企业的发展曾带动了周边加工业的发展。骨干企业对于传统工艺的传承和发展至关重要。但是，在书画工艺行业内，大企业的发展往往面临更多阻力，以致很多企业不得不进行"瘦身"，以维持企业的生存，这与传统书画工艺的长远发展是背道而驰的。适当减少对书画工艺企业的税收，减轻企业的负担，对于骨干企业实现可持续发展具有重大意义。

案例一 | 桃花坞木刻年画：换模式，育人才，传承传统手工艺

一、基本情况

苏州木刻年画的历史始于明代，桃花坞木刻年画因集中在苏州桃花坞一带生产而得名。桃花坞年画的兴起有众多推动因素：明代时期苏州的雕版印刷技术已经较为发达，这为桃花坞年画的发展提供了技术上的支持；明代著名的"吴门画派"名家辈出，画艺精湛，为苏州木刻年画的发展提供了优秀的素材；另外，明清时期苏州商品经济繁荣，人民的生活水平和文化层次较高，对文化艺术品的需求较大，为苏州木刻年画的发展提供了良好的市场。这些因素的共同推动作用促进了苏州桃花坞木刻年画的日益兴盛，到了清代雍正、乾隆（1723—1795）年间，苏州桃花坞已成为与天津杨柳青分庭抗礼的全国南北两大年画中心，其作品分布苏、浙、皖、赣、鲁、豫、鄂，乃至东北等广大地区。①

桃花坞年画是江南水乡的特产，图文并茂，具有连环画故事风格。年画长期以来一直运用比较简单的手工方式从事生产，色彩上有红、黄、绿、黑、蓝五种颜色。在无数雕版和印刷工人的精心制作下，苏州年画不仅色彩绚丽夺目，而且构图精巧，形象突出，主次分明，富于装饰性，形成一种优美清秀、严密工整的民族艺术的独特风格。桃花坞木刻品种很多，大致可分为门画、农事画、儿童、美女画、装饰图案画、历史故事画和神州传说画等，其中神仙佛像等迷信类画片内容有门神、灶神，以及所谓的"辟邪人物"。含有致富获利内容的画片有《一团和气》《娃娃得利》《刘海戏金钱》《岁朝图》等。有关农事的有《春牛图》《渔樵耕读》《大庆丰收》等。山水风景画片有各地风景画，如《姑苏万年桥》《苏州阊门图》等。雍正后出现的故事戏文画片，范围很广，有古有今，有单张有连续，如《武松打虎》《花果山》《定军山》等。风俗画有《玄妙观庙会》《苏州城内外三百六十行图》等，风土人情跃然纸上，今天成了宝贵的地方史料。有些年画富有爱国主义色彩，如《法人求和》《刘军门大败法军图》等，赞

---

① 吴恩培.吴文化概论[M].南京：东南大学出版社,2006:268.

扬中法战争中爱国将领刘永福,可谓较早的政治宣传画。①

桃花坞木刻年画通过版面设计、木板雕刻,并采用一版一色的木板套印方法印刷而成。它以门画、中堂、屏条为基本形式,以神像、戏文、民间故事和传统风格为主要题材,以构图丰满、色彩鲜明、富于装饰性为艺术特色,与天津杨柳青、山东潍坊木刻年画齐名,统称为中国三大木刻年画,历来有"南桃北杨"之称②。吴地人民有在喜庆的日子或者过节的时候在大门上或者墙上贴年画的习俗,因此桃花坞木刻年画以吉庆如意、纳福迎祥、扶正祛邪等美好寓意为主要内容来迎合人们的心理需求,反映了人们喜庆愉悦的心情以及对未来的美好向往,颇富浪漫主义色彩。

改革开放后,苏州政府加强了对桃花坞木刻年画这一传统工艺的保护,恢复了桃花坞木刻年画画社和桃花坞木刻年画研究会等,采取多方积极措施将它并入苏州工艺美术学院,并成立了桃花坞木刻年画研究所和工作室,保护和传承这一极具文化和历史价值的传统工艺。桃花坞年画真实地反映了当时人们的社会生活和思想文化,有极高的历史价值和艺术价值。辛亥革命后,随着印刷画的流通,印刷画很快侵占了木刻年画的市场,使桃花坞木刻年画的生存陷入困境中。新中国成立后,有关部门组织整理并印刷了一些木刻年画的资料,但是这些资料在"文革"期间遭受了严重的损毁。由于普通人对木刻年画的了解较少,使得年画的市场需求较小,同时学习木刻年画的年轻人也极为缺少。这些都加大了桃花坞年画传承和发展的难度。

如今,苏州桃花坞工艺美术文化创意产业园已初具雏形,该创意产业园坐落在桃花坞地区中心区域的文保建筑——朴园内。朴园是上世纪20年代营造的苏式园林,园内建筑多为民国风格,实际占地10000多平方米,建筑面积8000多平方米。苏州民族民间保护办公室积极传承传统文化,将苏州桃花坞木刻年画、古琴艺术传习所、苏式花窗等苏州传统工艺引入桃花坞工艺美术文化创意产业园,经过几年的保护传承与市场运作相结合的探索,产业园已初具雏形。

---

① 吴文化-工艺美术-桃花坞木刻[EB/OL]. http://www.wuculture.net/jsh0.aspx?menu_lx=WUD01.

② 朱永新.吴文化的传承、发展与苏州现代化建设(下)[J].苏州职业大学学报,2003(8).

二、具体做法

（一）创新发展模式，传承传统文化

桃花坞木刻年画是一项历史悠久的传统手工艺，要想使这种优秀的传统文化得以传承并不断发展，必须不断探索桃花坞木刻年画产业发展的新路径，创新其发展模式。只有创新发展模式，找到新的发展途径，才能使桃花坞木刻年画满足当前消费者的需求，适应社会和时代的发展。

首先，考虑到目前桃花坞木刻年画的传承面临后继无人的不良境况，苏州市政府将创作年画的企业桃花坞年画社合并入苏州工艺美术职业技术学院，充分利用高校的优良资源来培养优秀的传人，高校能更方便地选择出对木刻年画有兴趣的优秀人才，提高文化传承的效率。这一举措不仅为桃花坞木刻年画人才的培养提供了动力，而且也在一定程度上创新了桃花坞木刻年画的发展模式。创新的传承模式为桃花坞年画的继承和发展提供了很好的条件，也为木刻年画的稳定继承带来了保障。

其次，采用多样的形式加快桃花坞木刻年画的传承，例如录像录音的方式就可以更好地保存师傅传授知识的原始资料，使学习木刻比以往更方便。还可以对现存的桃花坞木刻年画进行整理，并复刻复印，这样不仅可以方便对木刻感兴趣的人随时拿来学习，还可以把年画工艺的制作过程长久地保存下来，避免发生"文革"期间很多珍贵桃花坞木刻年画古板被损毁的悲剧。（同时，密切关注木刻年画的民间收藏，发现新的木刻年画时及时存档，不断丰富年画的种类。）

最后，借着中国风兴起的潮流，加大对苏州桃花坞木刻年画的宣传，特别是在青少年中间的宣传。加大宣传的力度，增加普通大众对桃花坞年画的认识，这不仅可以使更多的人关注桃花坞木刻年画，研究木刻年画并保护木刻年画，同时，随着普通大众对桃花坞木刻年画认识的加深，可以刺激他们的购买欲望，扩大桃花坞木刻年画的市场，从而为桃花坞木刻年画的长远发展提供动力。

（二）激发创造活力，发展文化创意产业

传统手工艺产品的生产大多是由手工艺技艺者自己包揽设计、生产、销售等多项工作，同时自主经营，所以，尽管传统手工艺产品有一定的市场需求，但由于企业往往是个体户，难以形成规模效应，再加上政府扶持力度不够，难免

会出现手工艺品创新能力低、产品质量不高、品类少等问题。长此以往，必然难以维持消费者的购买欲望。要想走出这种困境，适应社会的发展进步，满足消费者的需求，苏州桃花坞木刻年画必须进行创新，激发新的活力。首先，引导传统手工艺朝着文化创意产业的经营模式进行转化，把经营模式的市场化和手工艺生产的"艺术化""时尚化"作为创新的核心目标。此外，按照市场化的运作方式，把手工艺产品划分为"经典""原创""时尚"等不同的层次，并以价格体现产品"一线""二线"和"三线"的差异，灵活适应和引导现代社会的消费需求。传统手工工艺经营模式的转化不仅能满足其自身的生存和发展的需要，也能对旅游产业及其他文化产业的发展起到积极的推动作用。

其次，转变观念，桃花坞木刻年画不单单是一种独立的艺术手法，它的创作过程中运用到的一些造型元素和创造手法也可以为其他艺术形式，如绘画装饰、服装设计、平面设计等所借鉴。在不断发掘出新的利用价值的过程中，桃花坞木刻年画迸发出了新的活力。

最后，在保证产品质量的前提下，对手工工艺的生产技术、工艺流程等结合现代科技条件进行可行性改造，将桃花坞木刻年画的技艺手法和创作元素与新的科技手段相衔接，进一步提升了其文化内涵和艺术品位，并保持其具有机器生产无法取代的独特品性。利用学校的专业设备和人才资源，对桃花坞木刻年画的题材和表现手法进行重新定位，在继承桃花坞木刻年画优良传统的基础上创造出适应时代要求的新作品，使苏州桃花坞木刻年画在新的时代中绽放出独特的光彩。

（三）拓宽产品市场，延伸发展空间

更新观念以及创新桃花坞木刻年画创造题材和创造手法上都不能从根本上解决桃花坞木刻年画的发展问题。只有满足消费者需求，不断拓宽市场，才能为木刻年画的发展带来持久的动力，带动其创作、研究、创新。因此，要实现木刻年画持续稳定的发展，必须创造持续稳定的市场需求。市场需求决定生存空间，单靠政府的扶持不是长久之计，只有形成市场需求，才能从根本上解决发展的问题。

过去，桃花坞木刻年画主要是作为年画在市场上供应，而这种供应方式带来的消费量是很少的，如此少的需求量不足以带动木刻年画的发展。因此，必须开发出适应时代潮流的桃花坞木刻年画的衍生品，扩大桃花坞木刻年画的附加值，扩大公众对年画的需求。而好的衍生品不仅能够产生经济效益，还能

促使桃花坞木刻年画健康有力地发展。对目前的国内市场进行调查后发现，目前市场上流行的衍生产品主要有书签、玩具、T恤衫、明信片及创意工艺品等。基于桃花坞木刻年画的特点，可以大力发展印有桃花坞木刻年画图案的帆布鞋、T恤、手提包等衍生品。需要注意的是，在衍生品的研发创作中，必须保证附加在衍生品上面的元素都是桃花坞木刻年画的素材，这样才能保证衍生品的纯正度。然而，由于一般的桃花坞木刻年画作品的篇幅比较大，想要整体与衍生品进行融合比较难。这时，可以打破常规，创造性地对桃花坞年画作品进行拆分，提取出作品中市场比较感兴趣或有特别意义的部分，然后将这部分元素运用在衍生品中。此外，可以对提取的多个元素进行重新组合，创造出新的图案，融入衍生品中。

三、经验与启示

随着人们生活方式的改变，桃花坞木刻年画的实用功能大大减弱，而纯粹的观赏功能却有所提高。市场的变化影响到桃花坞木刻年画中传统技艺的留存，现代印刷技术的发展也给传统木刻年画的手工制版和印刷技巧带来巨大冲击。桃花坞木刻年画的画铺越来越少，传统雕版技艺和染色印刷技术的传承也越来越困难。

作为一门工艺，桃花坞木刻年画的制作过程历来是有明确分工的，大致分为画稿、刻版、印刷流水作业等。但是真正掌握雕版、刷印、手绘这些绝活的人已经青黄不接，散的散，走的走。如今，掌握这门技艺的总共不到10人，这些手艺人在现今商品经济的转型期难免浮躁而扭曲甚至荒废了好功夫。由于传统艺术生存市场严重萎缩，木刻年画在民间市场中的占有额几乎接近于零，导致这些手艺人难以维持生计，后继乏人现状一时难以改观。

虽然传统的桃花坞木刻年画艺术已很少生产，但它毕竟在历史上有过辉煌的一页，故作为旧时主要民间美术样式之一的桃花坞木刻年画业已成为一种珍贵的文物，逐渐受到人们的重视。故而，学习和研究桃花坞木刻年画，对于发展的新的艺术，弘扬中华民族的传统文化是有着重要的意义的。

对桃花坞年画这一苏州民间艺术，政府应该加大保护力度，特别是在研究力度、资金投入和市场开拓方面，应该设立扶持机制。

（一）加大扶持的力度和针对性

政府应加大对传统手工艺的扶持力度，增强扶持的针对性和准确性。近年来,由于没有被及时发现并加以保护,一些具有重要价值的传统手工艺术正在逐渐消失,一些靠口传身授加以传承的民间文化艺术正在迅速消亡。苏州市政府不断深化传统文化管理体制改革,创新体制机制,提升形象,打造工艺品牌,落实保护政策。从2005年起,苏州市政府设立了每年300万元的专项资金用于非物质文化遗产的保护,主要包括非遗项目、传承人扶持和基础建设工作。从2006年开始,苏州民族民间文化保护专项资金每年都会拨款20万元扶持资金给苏州桃花坞木刻年画博物馆,这些资金主要被用于木刻年画的实物资料征集,以及技艺的传承。2009年,博物馆实际创造价值约105万元,除了20万元扶持资金,其余的钱则来自自身的创收。

  传统手工艺的真正价值,在于其所蕴含的丰富的文化因子转化为适应现代社会的产业。政府只有联合学校、企业、行业等社会多方面力量,创作出体现民族独特风格和优秀价值观的文化产品,方能打造出强大的文化产业,民间文化艺术的作用才能得到充分发挥,"文化苏州"才能有更大的创造空间。90年代,在市场经济的冲击下,面临生存困境的桃花坞木刻年画在苏州市政府以及有关部门的协调下,被整体划进了学院。这是苏州市政府首次在机制上的创新运行模式的尝试,它将传统文化的精髓放进了高等艺术院校,是非物质文化遗产的保护历史上的一个重要创新举措。苏州桃花坞木刻年画在高校学院式的教育教学和科研体系的滋养下枝繁叶茂,有了新的价值和生命。

(二)重视对传统手工艺的宣传工作

  "传统手工艺的传承与发展是一个文化传播的过程。"传统手工艺在现代社会的宣传所采用的形式主要是产品的交流和销售,通过这两种途径来达到对传统手工艺的保护、传承和发展。在传统社会中,手工艺主要依靠产品自身来宣传,影响范围小,宣传效果不佳。而在现代社会,随着社会的发展,新兴媒体的出现,手工艺品的宣传可以借助日新月异的现代媒体,通过多元化的手段,如报纸、广播、电视、电影、网络、手机等,采用语言、文字、视频等不同形式来进行宣传。可以借助传统手工艺的具体实物,把有影响力的活动或场合作为平台,推荐、评比苏州传统手工艺精品品牌,扩大对手工艺术品的宣传。针对广大的手工艺爱好者,可以通过提供免费的传统工艺技术培训,为他们创造一个深入了解和走进手工艺术的机会,进一步激发他们对手工艺术的兴趣,为专业人才的培养打下基础。随着电子媒介时代的到来,网络和手机等在宣传方面的作用越来越明显,尤其是手机上微博、微信等应用的普及,更是为传统手工艺的宣传工作提供了新的更广阔的平台,因为这些媒体能够面对更广阔的受众群,可以及时有效地向市民推广和普及传统手工艺制作节目等,可以通过网友的转发或共享让更多的人了解传统手工艺,这是最有效的广告。此外,还可以利用现代信息技术,把传统手工艺通过动漫等形式渗透到儿童的日常生活和娱乐中去,从而从小培养他们对传统手工艺的了解和关注,激发他们的兴趣。

(三) 注重人才培养

第一,明确传统手工艺的人才培养目标。传统手工艺术品的制作需要独到的手工技艺,而这项技艺的掌握需要时间的积累和技艺的进步与沉淀,所以人才的培养需要很长的时间,花费很多的心血。(为了提高人才培养的质量,为手工艺术的传承注入新鲜的血液,就需要有一个明确的人才培养目标以及系统化的课程编排和较强的针对性。)在这方面,苏州工艺美术职业技术学院装饰艺术系的人才培养经验值得借鉴。该校传统手工艺人才培养的目标是应对苏州建设"中国工艺之都"的社会需求,引入行业、企业的岗位职业能力标准,培养以设计务实、工艺技术和技能为核心的"识材、专能、精技"的高端传统手工工艺专业人才。苏州工艺美术职业技术学院桃花坞木刻年画的年度课程目标就是"掌握各种桃花坞木刻年画工具的制作,掌握桃花坞木刻年画基本的拳刀木刻法,掌握印刷对版法,全面熟悉水印版画的特点",为设计和制作桃花坞传统木刻年画提供基础技能。

第二,健全体制机制。现在博物馆已经形成了"老带中,中带小"的人力机制,专业力量与非职业力量齐头并进,部分馆员经过了多年磨炼,已经成长为兼通画、刻、印三种技艺,并能独立完成作品的专业人才。除了专业力量,由博物馆在 2009 年初开设的年画习训班也正在对 10 多位社会学员进行培养。此外,博物馆还从外地引进专业人才,对目前的 630 张馆藏作品进行内容和技法上的研究,并将对其中的 8 到 10 幅作品进行深度研究,撰写论文,这一举措大大增强了这一传统文化的研究力量。虽然从量上看,人才和研究的规模并不大,但保护工作应该考虑可持续性,要细水长流,厚积薄发。

第三,重视传统手工艺专业的大学生的社会实践课程。社会实践是对大学生开展素质教育,培养其创新能力和实践动手能力的有效途径。大学生可以通过书本了解传统手工艺的历史渊源、文化内涵以及艺术价值等,但是要想真正掌握一门艺术的精髓,还是要进入社会,融入民间,深入社会,在社会实践的过程中和老艺人学艺,接受深厚的艺术文化的熏陶,体会地道的传统文化,随着实践的深入,大学生可以通过对教育资源的整合与完善,形成完整的体系。政府应对学校的人才培养计划给予支持,为学习传统手工艺专业的大学生提供更多参加社会实践的平台。

(四)加强对传统手工艺的研究和市场培育工作

通过招收社会学员、与公益文化机构联动、和中小学校联合办社办学,桃花坞木刻年画正在为越来越多的人,尤其是年轻一代所认识和喜爱。被喜欢才能有市场,只有耐心把市场里的人先培养起来,才能为产品建立市场,这项工作任重道远。这几年,博物馆自产年画的销量以每年60%的数量增加,这足以证明"先人后市场"的思路是对的。

一方面,传统手工艺的研究和市场培育要建立在对现有技艺和资料深刻领悟的基础之上,真迹的保存工作尤为重要。以桃花坞木刻年画为例。原汁原味地保存好现有的"桃花坞"整体的技艺和资料,使它具有传统技艺再现的演示功能。寻访在世的老艺人,建立他们的资料档案,看看能否为他们做些什么。树立"求全"的信念,尽可能多地收集桃花坞年画各时期的作品,在真品不能得的情况下,复制品也有价值。设法收集国内外博物馆所收藏的桃花坞年画的图片资料,为将来建立资料全面的博物馆做准备。有计划地复刻印版,印刷精品,作为艺术收藏品、高级礼品和旅游纪念品。

另一方面,传统手工艺的传承不妨效仿桃花坞木刻年画的做法进行新的尝试。比如学习民间画家的创作态度来做桃花坞风格作品;以现代平面设计意识来运用桃花坞风格;或者沿用五六十年代以来桃花坞年画社张晓飞先生等所开创的新年画风格,加以继承和发扬。凡此种种,都可以成为美术家们、设计家们"折腾"的理由。

【思考题】

1. 桃花坞木刻年画在传承和发展中面临的最大困境是什么?怎么克服这一困难?

2. 结合实际情况,思考如何实现传统手工艺的现代发展。

案例二 "锦绣之乡"镇湖的刺绣文化产业

一、基本情况

镇湖地处苏州的最西部,紧邻太湖,三面环水,面积约20平方公里,人口2万左右。由于地处太湖之滨,镇湖的地域和气候条件非常优越,自古以来,人们的副业生产主要从事是种桑养蚕,家家户户都有桑地,所产桑茧农家自备丝车,土法缫丝。桑蚕业的发展大大地促进了镇湖民间刺绣产业的发展。作为苏绣的发源地,镇湖刺绣产业有着悠久的历史,自古以来就是"闺阁家家架绣棚,妇姑人人习针巧"。明清时期,镇湖农家妇女主要进行刺绣日用品的生产。辛亥革命后,商品绣日益兴盛,苏州城内绣庄不断增多,镇湖妇女主要负责粗放绣件的绣制。到了民国时期,苏州至西华客运轮船通航,镇湖个体刺绣发放人员逐渐增多。1955年镇湖建立刺绣发放站,专门负责全乡刺绣的发放工作,主要经营被面、台毯、靠垫等外贸出口绣品的加工生产。1972年后,镇湖刺绣站承接了吴县总厂、苏州刺绣厂的生产任务,挑选了技术水平较高的绣女专门建立样品刺绣小组,长年绣制和服和腰带出口日本市场。改革开放后,农村实行家庭联产承包责任制,农村富余劳动力增多。镇湖绣女除了"春种秋收"两忙之外,农闲时间专门从事绣品制作,绣品的需求量猛增,镇湖刺绣发放站的绣件供不应求。① 除了刺绣外,还有近千人从事诸如红木镜架、漆镜架、制镜架等行业的生产经营活动,这些都为刺绣产业的后续发展做了良好的铺垫。20世纪90年代之后,镇湖当地的绣娘们陆续外出考察学习,学成后回乡重振家乡的刺绣产业。

在政府的大力支持和各方的共同努力下,镇湖刺绣业不断加快发展步伐。1998年,镇湖刺绣协会成立。1999年,镇湖被江苏省文化厅授予"民间艺术之乡"的称号。2000年,镇湖又被文化部授予"中国民间艺术(刺绣)之乡"的称号;绣品街开街,费孝通为绣品街题词"镇湖刺绣,一枝独秀"。2006年,绣娘

---

① 民间绣[EB/OL],http://www.suxiuchina.gov.cn/companyInfo.asp? id = 1.

卢福英和同伴们合作完成的巨幅作品《江南三月春意浓》被称为"天下第一苏绣",现被收藏于人民大会堂江苏厅。2008年,绣娘姚建萍绣制《和谐——百年奥运中华圆梦》在北京2008奥林匹克博览会上展出。同年,"神七"搭载由镇湖绣娘姚惠芬制作的"'神七'上天刺绣纪念封"上天。2010年,镇湖刺绣获国家质检总局批准成为地理标志保护产品,并获得国家工商总局核发的地理标志产品集体商标注册证。2011年,镇湖绣品街通过评审成为中国特色商业街。同年,邹英姿首创的"滴滴针法"正式获得国家专利局授权,这是镇湖绣娘在针法方面首次取得发明专利授权。2012年,姚建萍的苏绣作品《英国女王》被英国王室正式收藏,这是白金汉宫首次收藏中国当代艺术家的作品。2014年7月,苏绣《木槿花开》作为国礼由国家主席习近平赠予韩国总统朴槿惠。同年8月,绣娘王丽华创作的苏绣艺术作品"青铜之韵"系列在香港中国文化艺术品交易所上市发行。① 2014年,镇湖街道被命名为"国家级非物质文化遗产生产性保护示范基地",为苏州市首家。上述大事件仅仅是镇湖刺绣产业发展的一个缩影,镇湖刺绣业的成长远不止这些。目前在中国四大名绣中,苏绣的产业化发展势头最好;在全国的刺绣市场中,苏绣占了80%的份额,其中有八成的刺绣产品来自苏州镇湖。镇湖刺绣的成功,离不开政府的大力支持和各方的共同努力。更重要的是,镇湖始终坚持走具有自身特色的发展道路,努力用小绣针绣出大未来。

二、具体做法

(一)着力打造刺绣产业链,创建"一街一馆一中心"

近年来,镇湖在整合刺绣资源的基础上,扩大产业规模,积极构建刺绣发展载体。除了主打刺绣品牌之外,还积极发展与刺绣配套的电脑辅助设计、丝线面料销售、运输、包装、广告等相关产业,着力打造较为完整的刺绣产业链。从宏观上来看,刺绣产业集群的形成主要体现在"一街一馆一中心"三大项目上。其中,"一街"即著名的镇湖绣品一条街。绣品街于1998年建成,通过"化零为整"的策略,把农村分散的刺绣经营整合到了镇区,形成了拥有300多家绣庄集中生产销售刺绣的特色绣品街。该街全长1700米,共有300多个门

---

① 镇湖刺绣大事记[EB/OL],http://jsnews.jschina.com.cn/system/2014/10/25/022311458.shtml.

面,全部按照"前店后坊"的模式建成。绣品街每年接待国内外游客50万人次,刺绣工艺品销售额超10亿元,成为集旅游、展览、购物于一体的综合性工艺美术旅游景区。[①] 绣品街不仅具有商业贸易功能,还是休闲旅游的好去处。2006年,镇湖被国家旅游总局授予"全国农业旅游示范区"的称号,其中,绣品街就是最重要的核心景区。在这里,游客不仅可以观赏到精美绝伦的苏绣作品,还可以探寻苏绣发展的历史印迹,感受其中蕴含的浓浓的文化底蕴。除此之外,镇湖毗邻太湖,风景优美,游客可以远离尘世喧嚣,尽享田园风光。"一馆"指的是中国刺绣艺术馆。该馆毗邻绣品街,占地8000平方米,建筑面积约5000平方米,总投资3000万元,是我国首个大型刺绣展馆,为传承和发展我国刺绣文化提供了一个很好的平台。"一中心"即指镇湖刺绣艺术展览中心。该中心建筑面积约2万平方米,以均价3800元/平方米的优惠价出售给镇湖街道的43家经营刺绣的企业。它主要以刺绣产品的生产和销售为主要功能,集中展示和销售镇湖绣娘的刺绣精品。除了"一街一馆一中心"外,镇湖政府还在规划一个以绣品为主,兼容其他工艺品的"文化创意产业园",以实现不同传统工艺门类之间的融合,加快镇湖文化产业集群化的进程。除此之外,镇湖还预备成立一个刺绣专业合作社,相关工作正在筹备过程中。

(二)政府政策大力支持,创就业环境得以优化

镇湖刺绣产业的迅速发展与政府的大力支持密不可分。2005年以来,镇湖街道先后制定了《关于刺绣产业发展的产业扶持政策》《镇湖文化刺绣产业发展五年规划》以及《镇湖街道扶持全民创业实施办法》等创业政策。从2005年起,镇湖每年拿出财政收入的5%作为创业基金用于扶持创业。同时,为了优化刺绣产业的创就业环境,政府出资修建了太湖大道,大大改善了镇湖的交通条件。另外,街道还建立了"刺绣市场管理办公室",投资4000多万元进行绣品街的改造和完善,为镇湖刺绣产业的发展营造了一个良好的市场环境。同时,镇湖政府充分发挥服务导向作用,营造服务环境,加强基础设施建设,建立了"一站式""一条龙"的服务制度,为自主创业的人员提供了很好的服务平台。当然,著名的"一街一馆一中心"三大项目的开展也离不开政府的悉心规划和资金支持。镇湖政府非常倡导自主创业,除了在各种大众媒体上和宣传

---

① 朱晓楠,王苏良,吴海亮,钱建康.关注三大问题加快转型升级——苏州镇湖绣品街特色产业调研报告[J].中国工商管理研究,2013(2).

栏上进行广泛宣传之外,还善于培育典型人物来引领百姓的自主创业,如先后培育和树立卢福英、濮凤娟等十多个自主创业大师的典型等。另外还通过定期举办培训讲座和刺绣技能培训班等形式充分提高农民的创业能力。①

(三) 加强刺绣人才的引进和培养,不断提高产品的技术含量

过去,传统的镇湖刺绣主要依靠绣娘技艺的代代传承。如今,在市场经济的大背景下,新一代年轻人大都走出农村,进入城市从事其他工作,镇湖刺绣工艺的传承面临严峻的挑战。镇湖清晰地认识到了这一点,将刺绣人才的培养放到了十分重要的位置。首先,镇湖立足刺绣从娃娃抓起,在当地中小学开设了刺绣劳技培训课程,从学习书本知识到进行技艺的实际操练,孩子们从小就增强了对刺绣的兴趣,打下了刺绣技艺的牢固基础,使得传承刺绣文化在孩子们的心底扎下了根。其次,从2006年起,镇湖街道与苏州工艺美院开展了合作,在该学院增设了刺绣专业大专班,定向招收五年制的大专学生,着力提高学生的刺绣技能,并由街道出资提供学费补贴,设立"镇湖苏绣人才"奖学金。再次,镇湖还通过帮助绣娘申报工艺美术职称、组织绣娘外出参加研讨会、对参加国内外展览会的绣娘进行奖励补贴等方法,激发绣娘争先创优的意识,鼓励绣娘进行技术创新。另外,镇湖还加强与苏州大学的交流与合作,注重对技术人员的培训,不断提高绣娘的刺绣技艺,从而提高产品的技术含量。2009年11月15日,海云刺绣研究所与苏州大学艺术学院合作的"苏州大学艺术学院实习培训基地绣娘美术培训课程"在苏州高新区镇湖街道创业服务中心正式开课。苏州大学艺术学院实习培训基地是海云刺绣研究所与苏州大学艺术学院的首次成功合作,其开设的绣娘美术培训课程也是镇湖街道创业服务中心首届美术培训课程。通过培训课程,绣娘们的素描、色彩知识得到进一步的提高,并结合绘画的原理绣出了更好的苏绣作品。② 在家乡政策的吸引下,目前,越来越多从镇湖走出去的大学生毕业后愿意回到家乡从事刺绣产业。他们的加入给镇湖刺绣业带来了新鲜的血液和蓬勃向上的活力,加快了镇湖刺绣技术创新的步伐。在不远的未来,镇湖还将筹划建造"中国刺绣艺术学院",招收全国各地甚至国外的学员,进一步培养和引进高端刺绣人才,不断

---

① 苏州市高新区镇湖街道. 小绣针"绣"大未来——苏州市高新区"镇湖刺绣"铸就创业促就业新篇章[J]. 中国就业,2012(4).

② 苏州大学艺术学院实习培训基地在镇湖开课[EB/OL]. http://www.zhenhu.gov.cn/Company-Detail.asp?moduleID=26&keyno=47&id=83.

第七章　吴文化与书画工艺文化产业

提高刺绣品的审美价值和技术含量。

（四）积极走出国门，努力开拓国外市场

除了开拓国内市场之外，镇湖刺绣还积极走出国门，着力提升自身的国际影响力，成为中国传统文化的一张闪亮的名片。2013年9月25日，由国家文化部中外文化交流中心和苏州高新区管委会联合主办、西安曲江新区管委会协办的镇湖苏绣丝绸之路"海外行"刺绣艺术展在古丝绸之路的起点——西安拉开帷幕。100多幅苏绣精品与镇湖绣娘的精彩表演让与会的19个欧亚国家的21位博物馆馆长们以及来自国内11个省、市的博物馆馆长们赞叹不已。随后，镇湖苏绣丝绸之路"海外行"活动陆续在西安、乌鲁木齐、乌兹别克斯坦、土库曼斯坦阿什哈巴德、伊朗德黑兰、土耳其伊斯坦布尔、意大利罗马等城市进行巡演、宣讲、演示和交流。此次活动加强了丝绸文化的对外交流，提升了镇湖刺绣的国际影响力，让中国传统的刺绣文化艺术在"丝绸之路"上重现辉煌。① 除此之外，镇湖刺绣代表中国文化多次登上国际舞台，展现自己非凡的魅力。在走出国门、开辟国际市场的道路上，镇湖越走越远。

三、经验与启示

（一）整合产业资源，打造产业链条

在新的发展形势下，镇湖刺绣产业重新整合各种零散的产业资源，着力打造较为完整的刺绣产业链，构建了"一街一馆一中心"的产业集群。尤其是著名的绣品一条街，将原先分散的农村刺绣整合到了一起集中生产刺绣产品，从而形成了一条极具特色的刺绣商业街。除此之外，绣品街还充分开发了自身的休闲旅游资源，将刺绣的销售与文化旅游、观光紧密结合在一起，使得游客在文化感受和熏陶中加深对镇湖刺绣的了解，同时也有利于刺绣文化的传承和发扬。可见，现代产业在发展的过程中尤其要注意产业资源的有效整合，形成富有自身特色的产业集群，打造完备的产业链条，引领产业向规模化、集群化方向发展。

（二）加大政府支持，优化创业环境

从镇湖刺绣的发展过程中可以看到，任何产业的有效发展都离不开政府

---

① "苏绣之乡"镇湖启动"海外行"[EB/OL]．http://zx.findart.com.cn/10924016-zx.html．

政策的大力支持。从相关扶持政策的颁布到"一街一馆一中心"的建设,再到各种创业服务平台的搭建,镇湖政府为镇湖刺绣产业的发展和繁荣做出了很大的努力,也取得了很大成效。在政府的鼓励和支持下,越来越多的镇湖农民自觉地提高自己的技能,加入创业的队伍,为镇湖刺绣产业的发展奉献自己的一分力量。因此,各地政府应该明确自己的地方产业优势,并给予优势产业特定的优惠和扶持政策,努力为产业的发展创建积极有效的平台,打造特色产业、品牌产业。同时,政府应当充分发挥自己的服务职能,为本地区的创就业提供更完备的基础设施,营造更有利的服务环境。

(三)加强人才培养,提升技术水平

不论在什么样的产业中,人才始终是一个核心的生产要素。对于一个产业而言,人才的培养不能局限于一个单向的维度,而应该从多维度入手,不仅要关注当前已有人才技术的提升,还要注重后备人才的选拔和培养,从而使得人才能源源不断地输入。镇湖清晰地认识到人才对于产业的重要性,将人才的培养放到极其重要的位置,不仅立足刺绣从娃娃抓起,而且与当地中学、高等院校等都有密切的合作,着力培养更专业、更高端的技术人才。除此之外,镇湖还通过各种奖励措施鼓励绣娘们争先进行技术创新,走出国门,开阔眼界。

(四)开阔国际视野,提升国际影响力

通过现代市场化和产业化的历练,镇湖刺绣已经初步构建了较为成熟的现代产业模式,无论是在产业集群建设还是在高端技术人才的培养和引进方面,镇湖刺绣正在构建越发成熟的发展框架。在此基础上,为了进一步扩大自身的海外影响力,镇湖刺绣还非常注重开阔国际视野,多次承办和参加各类国际性刺绣文化艺术节,借此进一步加大刺绣文化的海外交流与文化对接,努力提升自己的国际影响力,从而走出国门,开拓国际市场,推动更多更优秀的镇湖刺绣作品走向世界。可见,文化产业的发展不能闭门造车,而应开阔视野,放眼世界,积极参与各种国际性展会,加强与国内外优秀企业的交流与合作,汲取经验,促进产业的进一步发展。

【思考题】

1. 镇湖刺绣为何能在众多刺绣产业中脱颖而出,成为中国文化的一张名片?
2. 结合实际谈谈人才培养对于文化产业发展的重要性。

案例三　玉雕：重塑"苏作"玉雕，打造苏州玉雕产业新高地

一、基本情况

"玉不琢,不成器",苏州玉雕,源远流长,苏州草鞋山等地曾出土距今4000—6000年的玉琮、玉璧等多种玉器。明宋应星在《天工开物》中说:"良玉虽集京师,工巧则推苏郡。"嘉靖、万历年间,苏州琢玉名师陆子冈,技艺高超,为文人徐渭、张岱等推重,被誉为"吴中绝技"。苏州玉雕以"苏作"闻名全国。苏作玉雕因材施艺,讲究琢工,以小件为主,多为瓶炉、人物、花卉、鸟兽,玲珑剔透,飘逸俊俏。乾隆元年(1736),宫廷建如意馆,苏州不但向朝廷提供玉匠、玉料,还担负为造办处加工玉器的任务。据统计,乾隆年间苏州向宫廷解送玉器50起,品种有玉佛、玉磬、玉宝、玉册、玉瓶、玉碗、玉象棋、玉鼻烟壶等31种,数量达397件。清代苏州玉雕的中心在专诸巷,当时,巷内集中了许多玉雕作坊和能工巧匠,在继承明代技艺的基础上,实行专业分工,制作更加精巧,乾隆帝曾写诗称赞说:"相质制器施琢剖,专诸巷益出妙手。"目前,苏州相王弄、园林路等已成为玉雕作坊商铺集中地。至2013年,由中国珠宝玉石首饰行业协会主办评审出的中国玉石雕刻大师中,苏州玉雕妙手占有相当比例。①

二、具体做法

（一）构建协会组织,促进玉雕业抱团发展

苏州玉雕具有产业化的基础,优秀工匠名声在外。但遗憾的是,目前,苏州玉雕行业大多是私人作坊或民营企业,在初级的市场经济下各自为政,互不来往,信息不畅,甚至还相互设防,其中不少人缺乏精品意识,独打独拼现象相当严重。2007年12月,苏州市玉石文化行业协会成立,协会致力于宣传中华玉文化的悠久历史和苏州玉器发展史,传承"苏帮"琢玉技艺,推出创新作品,加强与国内同行业的联系,积极展示苏州优秀玉雕作品,建立玉雕行业的规

---

① 苏州玉雕　吴中绝技[EB/OL], http://www.wuculture.net/Files/WUD03/201310220839069680.mht.

范,维护行业合法权益,为名家作品和技艺展示提供交流平台,促进苏州玉石雕刻技艺水平的提高。2008年,苏州市玉雕专业委员会成立,举办了苏州市子冈杯玉雕精品展,借此推动人才队伍不断创新创优。与此同时,苏州玉雕的品牌开始在全国展示,原先互不来往的玉雕师们多次组团,在省内及全国范围内参加各种展览展示活动。① 苏州玉雕业的发展仅仅依靠民间技师的传承是难以长期维持的,只有加强个体之间的联系,通过建立协会组织,进一步打通信息渠道,使玉雕领域的手工艺者能够互相切磋,加强技艺交流,才能为国家级大师的诞生提供土壤,也才能从根本上保证苏州玉雕长盛不衰。同时,政府相关部门也要出台一些保障扶持政策,或成立一些相关的基金组织,为苏州玉雕业的健康发展提供支持。

(二)进行文化整合,扩大苏作玉雕影响力

玉雕不仅仅体现雕琢的技艺,它背后还具有深厚的文化底蕴。在玉雕文化有上千年历史的苏州,不论是玉器的收藏还是玉器的雕琢,都体现着深厚的历史传承,而文化在其中发挥极其重要的整合功能。2013苏州市玉石文化行业协会相王路玉雕专业委员会的成立,为苏州玉雕业的发展提供了新的、更宽广的平台,它不仅加快了玉雕业的文化整合,有利于苏州玉雕业整体优势的发挥,更是通过对会员提供服务,造就了众多脱颖而出的玉雕精品。此外,通过举办苏州玉石文化节、创办《苏州玉雕》会刊等措施,苏作玉雕的影响逐步扩大。

1. 举办苏州玉石文化节,宣传玉石文化

苏州市曾经在2009年和2010年举办过两届玉石文化节,并获得圆满成功。近几年,苏州不懈努力,希望获得更多宣传苏作玉雕的机会,终于在2012年又一次在原平江区的平江路街道和观前街道举办了玉石文化活动。这些活动的成功举办不仅宣传了苏州的玉石文化,加深了市民对玉石文化知识的了解,也加强了与兄弟协会的交流和联系,同时也扩大了苏州玉石文化行业协会的影响力,并在此基础上提升了协会的号召力和凝聚力。

2. 推出"苏州玉雕"电视片,创办《苏州玉雕》会刊

苏州市玉石文化行业协会成立后,与苏州电视台《财富收藏》栏目组推出每周一期"苏州玉雕"人物专访系列片,重点介绍协会玉雕大师的个人经历和

---

① 苏州玉雕行业浅析[EB/OL],http://news.163yu.com/zhishi/4222.html.

获奖作品及苏城玩玉藏玉名家、玉石行业基本情况等,共播出27期,现已制成碟片作为宣传礼品。协会成立后还发行了《苏州玉雕》会刊,介绍协会、行业动态,名家名作,苏州玉文化名人轶事,刊登会员艺术论文,发表玉人说玉经典文章。协会成立以来,先后与《苏州日报》《姑苏晚报》《城市商报》联办各类宣传玉石文化专栏,介绍协会大师琢玉精品,介绍协会行业动态。[①] 苏州玉雕所雕刻的物件往往很小,但是雕刻过程中的每一刀,都是深厚的玉雕文化的体现,不论是创作过程中的选料还是设计,雕琢抑或打磨,每一个环节、每一道工序都要做到精益求精。拥有如此规模的从业人员和市场,加之众多的文化交流平台,苏州玉雕业的明天值得期待。

(三)确立行业规范,强化市场机制

苏州市玉石文化行业协会作为一个新的行业协会,通过确立行业规范,制定相关制度来保障协会的健康发展。协会坚持每年一次理事大会,半年一次常务理事会,一季度一次会长会议。这样保证了行业协会高层领导之间的思想碰撞,使协会不断发展壮大。这种制度优势,在玉雕业面临金融危机时得到了体现。2011年全球金融危机爆发,玉器销售市场一度陷入萎靡,协会及时提出"面对危机,抱团取暖"的口号,发挥整体优势;与此同时,协会还号召各单位诚信经营,制定了"苏州市玉石文化行业公约",要求全体会员以诚为本,以信立市,共渡难关。

任何行业的发展都要依靠市场的不断开拓与壮大,苏州玉雕业的发展也不例外。率先开拓苏州玉雕市场的是光福玉雕,光福镇的玉雕市场主要以批发销售为主,起初发展较好,产业规模较大,但是,随着周边城市经济快速发展,影响力逐渐减弱,可见,强化市场机制,对于苏州玉雕业的健康发展有举足轻重的作用。

三、经验与启示

"苏作"玉雕是中国玉雕史上浓墨重彩的一笔,也是苏州一块响亮的招牌。在漫漫历史长河中,"苏作"玉雕曾一度消沉,但后来,通过展评交流、申注商标、人才培养等方法,"苏作"玉雕又重振雄风。

[①] 弘扬优秀传统文化 打造苏帮玉雕文化品牌[EB/OL],http://www.suzhouyudiao.com/news/newsview.asp? id=79.

(一) 展评交流,扩大苏州玉雕影响力

新中国成立以后,全国玉雕有京(北京)、海(上海)、扬(扬州)、南(广州)四大流派,如今,随着"苏作"玉雕的重新崛起,全国四大流派已变成"京"(北京)、"海"(上海)、"扬"(扬州)、"苏"(苏州)。苏作玉雕无论是产业规模、技艺水平还是业界知名度和社会影响力,都重新令全国瞩目。

展评交流是玉石文化最好的展示方式,是玉雕作品最近距离与观众见面的机会,是扩大"苏作"影响力的力举。通过参加这些活动,可以充分展现苏州玉雕的实力,吸引全国对苏州玉雕的关注。苏州市工艺美术行业协会每年会举办各种玉雕展评交流活动,每次参展,"苏作"玉雕都取得骄人成绩。2008年在索菲特国际大酒店举办高古玉、明清玉、当代玉精品展,600多件作品亮相于市民面前,展现的是历代苏作玉雕的精美工艺。2009年在粤海广场鑫福玉器古玩城举办苏、沪、扬三地当代玉雕大师精品展,在苏城引起不小的反响,被誉为国际级的玉雕大师吴德升来到现场,成为媒体竞相采访的焦点。2010年在观前街老凤祥古玩城举办京、沪、苏、扬四地玉雕精品展,四地都组织当地大师优秀作品参展并前来参观交流。这次展览数量之多、雕琢之精,(令广大玉器收藏者和玉石文化爱好者倾倒)。① 2010年在被誉为中国玉石雕刻业最权威和最具影响力的专业奖项"天工奖"的评选中,苏州分别斩获3个金奖和9个银奖,收获颇丰。除此之外,"苏作"高手们还通过《姑苏工艺》《琢玉》等杂志以及相关网站发表学术论文,更新理论认识,提升琢玉技艺。

展评交流活动的开展,使"苏作"手工艺者更新了观念,拓阔了眼界,还让越来越多的玉雕爱好者开始关注"苏作"玉雕。随着"苏作"玉雕关注度的提升,它的市场需求量也与日俱增。如今,苏作玉雕无论是在产业规模、技艺水平还是在业界知名度和社会影响力方面,都令举国瞩目。

(二) 申注"子冈杯",领航苏州玉雕业

苏州不产玉石,却以玉雕闻名天下。明代陆子冈便给苏州挣足了声誉,这位自幼在横塘玉器作坊学艺的玉雕师,擅长将印章、书法、绘画艺术融入玉雕中,把玉雕工艺提高到一个新的境界,其雕镂技艺更是被誉为"吴中绝技",他所琢的玉被世人称为"子冈玉"。400多年后,"子冈"俨然成了玉的代名词。

---

① 弘扬优秀传统文化 打造苏帮玉雕文化品牌[EB/OL], http://www.suzhouyudiao.com/news/newsview.asp? id=79.

2008年苏州市工艺美术行业协会玉雕专委会开始举办玉雕精品展览及评比活动,每年一届,取名"子冈杯"。如今,"子冈杯"的影响力越来越大,参加评选的作品水准也不断提高,其中玉雕精品评比已俨然成为全国性的专业评比。各方在评比中开展技艺交流,相互借鉴学习,水平不断提升,与此同时,"子冈杯"的影响力和"苏作"玉雕的品牌效应都得到提升。

品牌的力量是巨大的,自从申注了"子冈杯"商标,以及"子冈杯"玉雕精品展览的举办,"子冈杯"品牌已经打响。借鉴这一经验,苏州市工艺美术行业协会玉雕专业委员会又相继申注了"苏帮子冈杯""姑苏子冈杯"等商标,随着这些品牌的发展,"苏作"玉雕越叫越响。

(三) 加快人才培育,为"苏作"玉雕添动力

玉雕市场巨大,很多人都想从中分一杯羹,在急功近利的心态下,必然导致行业内鱼龙混杂,不讲诚信的现象也时有发生,这给"苏作"玉雕的市场声誉带来了不良影响。而且现在在人才的培养方面所花费的时间和精力明显减少,以往一个刚入门的学员至少要三年的学习时间才可亲自操刀,从事玉石的加工生产,而如今,不少从业人员只学习了半年时间就可以从业,明显缺乏艺术的积淀和手艺的修炼。从他们手中出来的产品很难体现"苏作"的文化内涵,以及"苏作"的精巧雅致,长此以往必将导致"苏作"市场的流失。

为了不断培养苏州玉雕人才,提高协会会员整体技艺水平,按照中国工艺美术学会〔2008〕(016号)文件《关于开展中国工艺美术师职业资格认证工作的通知》,协会特邀中国美术学会专家老师在苏州定点举办"中国工艺美术学会中高级工艺美术师"提高培训班,推荐部分会员参加学习培训。协会曾特邀苏州教育局美术中心教研组成员、高级美术教师徐汉章老师在行业协会开班主讲花鸟虫草白描的基本要领。还推荐11名会员参加中国工艺美术学会在宜兴举办的培训班,以及在上海工艺美术学院开设的应用艺术玉雕设计成人大专班办班,推荐7名会员参加深造。组织会员参加国家人力资源和社会保障部工艺品雕刻技师、高级技师申报工作。[①] 一方面,注重增加人才的数量,壮大玉雕人才队伍。苏州相关组织或协会拓宽人才培养的渠道,为玉雕爱好者提供学习、提升的平台,又结合玉雕从业人员的实际特点,充分整合教育培训

---

① 弘扬优秀传统文化 打造苏帮玉雕文化品牌[EB/OL]http://www.suzhouyudiao.com/news/newsview.asp?id=79

资源,分类建设培训基地,有针对性地展开人才培养,提高了人才培养的效率。另一方面,注重培训方式的创新,提升玉雕人才素质。除了理论知识的教学与传授,相关组织还适时举办一些学术论坛、经验交流会等活动,使从业者相互学习交流,共同提高。

【思考题】

1. 根据目前苏州玉雕行业的发展情况,思考不同的协会组织在玉雕业传承、发展中发挥了怎样的作用。

2. 叫响"苏作"玉雕,还有很长的路要走。结合实际,思考品牌营销对苏州玉雕业发展的影响。

第八章　吴文化与文化创意产业

概　述

在全新的时代背景下,传统文化产业的竞争力逐渐削弱,高知识性、高附加值、高融合性的文化创意产业的竞争力逐步凸显,成为目前最具发展前景的朝阳产业。发展文化创意产业,是文化产业发展结构的调整和发展模式的重要转变,是文化产业深入发展的必然趋势,也是适应全球化竞争的重要举措。据了解,目前全世界文化创意产业每天创造220亿美元产值,并以5%的速度递增。例如,美国文化产业年产值高达6000亿美元,在其最富有的400家公司中,从事文化产业的企业有72家;英国文化创意产业的年均增速在5%以上,大大高于其他产业,是国民经济中最具活力的支柱产业;2013年韩国文化创意产业产值达到855亿美元,从2008年到2012年连续5年实现了18.5%的出口年均增长率;日本文化产业的贡献值已经超过汽车产业,占其国内生产总值的14%。[①] 我国各大城市也不甘落后,上海、北京等城市正在建立起一批文化创意产业基地。苏州拥有丰富的吴文化资源,在传统的文化产业发展方面已趋于成熟,近年来在新兴的文化创意产业方面也取得了一定的成就,但与先进国家和地区相比还是存在不小的差距。苏州正处于经济发展转型的重要时期,充分利用丰富的吴文化资源,大力发展文化创意产业是突破发展瓶颈、实现发展新突破的必然要求,也是提升城市综合竞争力的必由之路。

发展文化创意产业对于苏州整体的经济社会发展具有重要意义。首先,发展文化创意产业有利于优化苏州的产业结构。所谓文化创意产业,是在制

---

① 全球文化产业发展方兴未艾[EB/OL], http://wcb.whcycyw.com/index.php?tcon=article&id=832.

造业充分发展、服务业不断壮大的基础上逐渐发展起来的新兴产业,是科技文化化和文化科技化的高端产业。创意产业以创意和知识为核心,是附加值较高的产业,是当今经济社会发展的朝阳产业。苏州正处于产业结构调整和升级的关键发展期,大力发展文化创意类产业有利于优化苏州目前的产业结构,促进整个城市发展模式的转型和升级。其次,发展文化创意产业有利于提升苏州的综合竞争力。如今,城市综合竞争力的主导因素正由资本、资源等经济优势转向人才、技术、创意等文化优势。文化创意产业作为一种新兴产业,是一个国家和地区创新能力的集中体现,也是其综合实力的重要体现。不少国家和城市把创意产业作为支柱产业,采取各种政策措施大力推动文化创意产业的发展。文化创意水平的高低将成为今后城市竞争力比拼的关键所在,只有不断增强创新意识,大力发展文化创意产业,苏州才能在今后的城市竞争中立于不败之地。最后,发展文化创意产业有利于促进苏州社会主义和谐社会的构建。文化创意产业作为一种全新的文化产业样态,也是精神文明建设的一个重要组成部分,是构建社会主义和谐社会的现实要求。

一、苏州文化创意产业的发展现状及存在问题分析

总体来说,苏州文化创意产业已初具规模,呈现出良好的发展态势。"十一五"期间,苏州文化创意产业的年均增长率为13.9%。新兴的现代文化产业发展迅速,苏州动漫画制作业与北京、上海、深圳并列为该领域四大基地,鸿鹰世界、鸿广公司已成为亚洲最大的影视动画制作公司;苏州福纳文化科技股份有限公司、苏州蜗牛电子有限公司等创意企业已逐渐具备面向资本市场融资的条件;苏州国际会展中心、南亚会展中心、苏州太湖文化论坛、中国电子博览会等会展业也已初具影响力;苏州广电、苏州报业等媒体的规模化、集团化、产业化效应也初步形成。① 除此之外,与文化创意产业发展相配套的体制机制、政策法规等也逐步健全和完善,为苏州文化创意产业的发展提供了坚实的政策保障和法律支撑。近年来,苏州市政府为本市文化创意产业的发展出台了不少扶持政策。例如,苏州市委、市政府颁布的《苏州市文化发展"十二五"规划》中明确指出,要加快发展创意设计业、文化旅游业、出版发行业、新闻传媒业、数字内容和动漫业、会展广告业、印刷复制业、工艺美术业、演艺娱乐业、影

---

① 苏州文化创意产业现状、问题及发展路径的调查与研究.周东华[J].苏州工艺美术职业技术学院学报,2013(3).

视制作业十大重点产业门类;加快发展新兴产业,重点支持发展一批创新能力较强、文化创意特征鲜明、市场需求旺盛、品牌效应显著的创意产业,推进先进制造业与创意设计产业的良性互动发展。① 除此之外,还出台了《关于扶持动漫产业的政策》等相关政策条例。在各方的共同努力下,苏州文化创意产业发展迅速,已经成立了以苏州国家动画产业基地、沙家浜江南水乡影视产业园、虎丘婚纱城、阳澄湖数字文化创意产业园、昆山文化创意产业园等为代表的文化创意产业示范基地。2014年12月1日,苏州市成功通过了联合国教科文组织关于"全球创意城市网络——手工艺与民间艺术之都"的申报,并将认真履行所承担的各项国际责任,在大力推进以手工艺与民间艺术为主题的创意产业发展的同时,在世界范围内广泛开展各项国际交流与合作,推动本地文化创意产业的发展,为全球网络发展贡献力量。②

与此同时,苏州文化创意产业在发展过程中还存在以下问题。

(一) 产业园数量与质量增长不同步

近年来,苏州的文化创意产业发展迅速,文化创意产业园如雨后春笋般纷纷建立,每一个文化创意产业园投资动辄上亿元甚至几十亿元,占地面积也相当可观。然而,有些地方政府纯粹是为了追求政绩而拼速度、拼数量地建造各类文化创意产业园,建造前缺乏相关论证,虚有声势却质量不高,且建造后利用率不高,出现泡沫现象,造成资源浪费。

(二) 管理体制有待完善,政策法规支持力度不够

文化创意产业是一种新兴的文化产业,必然需要先进的管理体制与之配套。然而,目前已有的管理体制较为落后,已经跟不上文化创意产业发展的步伐。如"条块分割"的管理体制阻碍了文化创意产业实现大整合;过度干预的管理方式剥夺了文化企业的经营自主权;不平等的市场准入体制使得民营企业难以享受相同的待遇;等等。另外,针对性的政策法规不够完善,如知识产权保护力度不够,这对于强调科技创新的文化创意产业而言有很大影响。

(三) 高端的创意和管理人才缺乏

对于文化创意产业而言,最核心的生产要素就是人才,尤其是高端的创意

---

① 苏州市文化发展"十二五"规划[EB/OL]. http://www.wgj.suzhou.gov.cn/wz/ZwgkDetail.aspx? InfoID=14137.

② 发展文化创意产业,苏州加入"创意城市网络"[EB/OL]. http://www.csxww.com/news/yaowen/2014/1203/186756.shtml.

人才和管理类人才。由于苏州文化创意产业作为一类新兴文化产业尚处于起步阶段,因此与之相匹配的高端创意人才相对较为缺乏,产业经营管理人才也较为匮乏。总之,高端人才储备的缺乏是影响苏州文化创意产业深入发展的一个重要因素。

(四)产业规模偏小,没有形成较为完整的产业链

近年来,虽然苏州的文化创意产业发展速度很快,各种文化创意产业园纷纷建立,但是从总体上来看,与国内外各大知名文化企业相比,产业规模还是偏小,整体实力还是不够,缺少特别有影响力的文化品牌。除此之外,各文化创意企业大多各自为政,自谋发展,缺乏彼此之间的交流与合作,没有形成较为完整的产业链和较为突出的产业集聚效应。

二、加快苏州文化创意产业发展的对策思考

(一)转变发展观念,充分发挥文化创意要素的主体作用

在发展文化创意产业的过程中,要始终把文化和创意放在主体位置,因为它们本身就是我们从事经济活动的不可或缺的重要生产要素。离开文化,经济活动就等于无源之水、无本之木;离开创意,生产经营活动就无法实现新突破。因此,要转变发展观念,在产业发展过程中充分发挥文化创意要素的主体作用,让文化和创意要素迸发出无穷的生机和活力。苏州在打造创新型城市的过程中,一定要把发展文化创意产业与保护历史文化遗产结合起来,充分利用苏州古城特有的艺术气息和文化价值,将源远流长的吴文化注入文化创意产品的创造过程中,从而赋予其深厚的文化历史底蕴,并以固态的形式将吴文化继续传承下去。

(二)扩大产业规模,保持产业质量同步提升

按照规划,苏州文化创意产业增加值占总量的比例应从2010年4%的基础上增长到6%甚至7%以上,这就要求不断扩大产业规模,提高产业总量,从而提高文化创意产业的整体附加值。在提高产业总量的同时,尤其要注意保持产业质量的同步提升,这就要求加大各类产业园的利用率,不断改革产业的运行机制,创新产业的经营方式,提高产品的科技含量,从而保证产业的健康可持续发展。在扩大产业规模的同时,还要注重构建相应的产业链,将功能相似或互补的企业聚集在一起,形成产业集群效应,环环相扣,以合作促共赢。

(三) 改革管理体制,加大知识产权保护力度

政府政策和法律法规是文化产业发展的重要保障,因此,要充分发挥苏州市政府在促进文化创意产业发展方面的积极作用,完善相关的政策条例,改革文化管理体制,制定对文化创意产业的财政税收奖励等优惠政策;加快建设文化创意产业交易平台,积极推动文化创意资源的市场化。同时,要加大知识产权的保护力度,为文化创意产业的发展提供坚实的法律保障。"创新"是文化创意产业的灵魂,因此,保护文化产品的知识产权是发展文化创意产业的重要基础和必要前提。

(四) 扩充人才储备,大力培养和引进高端创意人才

人才是文化创意产业的核心要素,因此,加快发展文化创意产业的一条重要措施就是扩充人才储备,大力培养和引进高端创意人才和管理人才。苏州要立足本地的高等院校和各类大专院校,加强校企合作,在有关学校设立相关专业,专门培养相关创意类人才,深入挖掘优秀的管理类人才,并为他们提供走进企业实习的机会,以优越的条件吸引他们为苏州文化创意产业的发展献计献力。同时,要加强国际交流与合作,重点培养和引进一批具有国际化视野的高端创意人才,为文化创意产业的蓬勃发展带来新鲜的血液。

案例一 虎丘婚纱城：打造婚庆产业新标杆

一、基本情况

苏州虎丘婚纱产业崛起于上世纪80年代，经过30余年的积淀与发展，目前共有经营户1200余家，门店数量居全国各大婚纱市场之首。从原来单一经营婚纱，发展到目前经营旗袍、晚礼服、头纱、配饰等几百个品种，而且几乎每个经营户都有自己的制作、设计、裁剪专业人员和自己的加工厂。虎丘婚纱在式样、品质等方面都引领全国潮流，和广州、北京的婚纱市场形成三足鼎立的态势，其加工总量占到了全国总量的70%左右，涌现出像绝设、丹妮斯、婉纱仙妮、金宝等婚纱行业的精品。虎丘婚纱市场也是目前全国乃至东南亚最大的婚纱产销集散地，与世界上30多个国家和地区都有业务往来，订单长年不断，被称为"东南亚第一大婚纱市场"。

虎丘婚纱产业的形成与发展得益于得天独厚的自然环境和区位优势。苏州位于经济发达的长三角地区，是著名的历史文化名城，有着丰富的文化旅游资源，吸引着各方游客前来。虎丘婚纱城紧邻著名旅游景点——虎丘风景区和山塘历史文化街区，周边风景宜人，交通便捷，必然会带动婚纱市场的人气。同时，苏州传统发达的刺绣工艺也为虎丘婚纱产业的发展创造了良好的条件。苏绣图案秀丽，色彩清雅，缀于婚纱礼服之上，可使服饰顿时增色不少。苏绣与婚纱产业的完美结合，打造了一个极富地方特色的虎丘婚纱产业。

然而，随着市场规模的不断扩大，虎丘婚纱产业一度面临发展的困境。首先是由于缺乏统一的管理而导致无序竞争。传统的虎丘婚纱产业大多是小作坊生产经营的模式，虎丘婚纱虽然在国内享有较高的知名度，却也是低档低价产品的代名词；虽然在款式、做工等方面总体超过广州婚纱一条街，却又时常被国内举办的婚纱博览会、交易会拒之门外。据统计，市场内具有自主品牌的高档婚纱经营户不足20家，其余大多走低价路线，恶性竞争现象十分普遍。随着周边城市相关市场的建设，虎丘婚纱提档升级势在必行。其次是功能区划分不清，婚纱销售、加工、仓储和居住混杂一体，同时停车、消防、休闲等公共配套设施匮乏,这些都使得虎丘婚纱产业的发展遭遇瓶颈。为此,自2010年4月起,虎丘地区综合改造工程开始启动,着力打造一个全新的虎丘婚纱城,这项宏大的工程为虎丘婚纱的跨越发展提供了前所未有的契机。① 另外,随着经济社会的飞速发展,人们的消费理念也发生了翻天覆地的变化。过去,人们对婚纱消费并没有太高的要求,基本都习惯在婚纱店租借婚纱。如今,人们更多地追求较高的生活品质,对于结婚这一生命中无比重要的事充满了各种美好的幻想和憧憬,都想打造一个属于自己的独一无二的梦幻婚礼。租借来的婚纱被很多人穿过,总觉得有些异样;另外,婚纱店可供租借的婚纱款式相对比较单一,不符合当代新人对于梦幻婚礼的期待。婚纱已经从"需要""大众化"上升到了"喜欢""个性化"的高度。这些消费理念的变化也给虎丘婚纱产业的变革带来了全新的机遇和挑战,虎丘婚纱城就是在这样的大背景下应运而生的。

虎丘婚纱城准确把握了当代消费者的消费需求,专注于销售款式多样、物美价廉的婚纱,这里的商户几乎每家都能自行设计、自行生产和自行销售,并为顾客提供量身定做的个性化服务。另外,整个婚纱城的装修风格也别出心裁,古色古香,充满了苏州元素,使得游客在精心挑选婚纱的同时能放松心情,体验古典的苏州文化。苏州虎丘婚纱城作为一个商业项目,其商业目的也很明确,即利用苏州文化的独特内涵,以旅游带动商业发展,并以商业发展带动周边旅游环境的改善,形成良性循环。虎丘婚纱城以"引领全国,面向国际"为项目定位,以婚纱市场为主题,努力打造出一个集婚纱礼服销售、创意设计、品牌孵化、展览展会、电子商务、文化旅游于一体的多功能、多情景婚庆主题的产业集聚基地,从而打造国内外婚庆产业的新标杆。

二、具体做法

(一) 市区两级政府全力支持,专业商业公司倾力策划

虎丘婚纱城的规划和构建离不开市区两级政府的全力支持和专业商业公司的倾力策划。苏州市委市政府于2010年4月启动了对虎丘地区综合改造工程,并借此次改造工程对虎丘婚纱城项目进行科学合理的规划、建设、运营,妥善解决虎丘地区婚纱经营中的突出问题,使虎丘婚纱在综合整治改造中亦

---

① 虎丘婚纱城[EB/OL],http://www.hqhsc.com/chinese/stories_about.html.

能转型升级,做强做优品牌。根据市虎丘地区综合改造指挥部的指示要求,婚纱城的建设由政府层面控制性操作,以便于动迁工作顺利展开,促进虎丘婚纱产业向着有序化、规范化方向发展。虎丘婚纱城由苏州城市建设投资发展有限责任公司和苏州历史文化名城保护集团有限公司出资设立,根据婚纱市场的商业特性以及该项目所需兼顾的社会效益影响,虎丘婚纱投资有限公司按照现今商业地块开发的先进理念,聘请商业策划公司参与项目前期的策划设计工作。① 总之,政府的大力支持和商业策划公司的专业规划是虎丘婚纱城得以成功的重要后盾。

(二)提供一站式婚庆服务,打造多功能购物中心

虎丘婚纱城占地约30万平方米,总投资约27亿元,地上4层,地下2层,设有A、B、C、D四个功能分区,旨在打造多功能购物中心。其中A区为综合购物中心,约250多个铺位,以销售中高档婚庆用品为主,包括高档品牌婚纱礼服、品牌黄金珠宝、高档化妆品、婚庆用品定制以及休闲餐饮等;B区为时尚主题馆,约720个铺位,为四种不同风格的婚纱主题时尚馆,主要经营婚纱礼服、配饰首饰、摄影器材、影楼用品等婚礼用品;C区为婚纱体验街区,也是苏式精品街,是优质创意品牌商户的汇聚地;D区为创意展示中心,主要筹办新品发布会、婚博会等专业展会,同时还配备设计师工作室、人才培训学校、电子商务、物流快递等配套服务设施。在这里,每一位新人都能根据自身需求一站式量身定做不同品牌、不同档次的婚纱和婚庆用品。② 虎丘婚纱城以婚纱定制、婚纱展示为主题,努力打造融婚纱礼服的时尚展示、定制服务和浪漫体验式消费为一体的商业模式,同时形成多维度、多结构的消费模式,满足不同层次、不同类型消费者的购买需求。虎丘婚纱城在巩固发展婚纱礼服这一主体产业的基础上,延伸产业链,增加创意、服务等婚庆文化元素,使得游客在购物的同时还能受到婚庆文化的熏陶。虎丘婚纱城形成了自身的发展特色,提升了产业自身的软实力。

(三)携手虎丘风景区,共建旅游商业街

虎丘婚纱城作为一个商业项目,有其明确的商业目的,就是以旅游带动商业发展,以商业促进旅游发展,最终目标是促进苏州经济的发展和文化的繁

---

① 虎丘婚纱城[EB/OL],http://www.hqhsc.com/chinese/stories_about.html.
② 虎丘婚纱城[EB/OL],http://www.hqhsc.com/chinese/stories_about.html.

荣。虎丘婚纱城充分利用依傍虎丘风景区的良好区位优势,与虎丘风景区交相辉映,结合发展。虎丘风景区是全国5A级风景区、全国文明单位,每年吸引着几百万游客前来观赏游玩。如此大的人流量势必会给紧靠在旁的虎丘婚纱城带来很高的人气,从而进一步提高虎丘婚纱城的知名度和影响力。除此之外,准新娘和准新郎在虎丘婚纱城挑选好心仪的婚纱礼服后,就可以来到旁边的虎丘风景区放松心情,尽情享受二人世界。对于远道而来的外地游客来说,来到虎丘不仅能买到风格多样的婚纱礼服,还能顺道欣赏苏州著名的旅游景点,何乐而不为呢？更重要的是,准新娘准新郎们还能穿上自己心爱的婚纱礼服在美丽的虎丘风景区拍摄婚纱照,留下永恒的幸福回忆。虎丘婚纱城将商业元素与文化旅游元素完美结合,走出了婚纱产业的一条新路。

(四) 设立设计研发工作室,加强创新人才培养

在新的时代背景下,人们对婚礼的定位已不再仅仅局限于一个简单的仪式,而是更注重婚纱、礼服、婚庆等方面的个性化定制,希望打造属于自己的独一无二的婚礼。然而目前婚纱礼服市场几乎千篇一律,普遍缺乏设计感,不能满足消费者的需求。为此,虎丘婚纱城在D区引进了设计师工作室,为有灵感、有想法的设计师提供展示的平台,目的在于为远道而来的新人们提供注入"灵魂"的嫁衣。同时,虎丘婚纱城还经常举办青年设计师创意大赛,激发青年设计师们无穷的想象力,从而为整个婚庆产业提供源源不断的创造力。在设计研发工作室内,小到布料、丝线、珠花、配饰等原材料,大到模特身上的成品或是缝纫机上的半成品,无不传达出设计师们的设计理念。除此之外,虎丘婚纱城还特别注重加强技术创新人才的培养。D区创意产业中心内设立了婚纱婚庆类培训学校,开设各类婚庆培训课程,力图从技能和服务等多方面进一步提升从业人员的专业素养,从而为婚庆产业的持续发展输送各类专业技术创新人才。

(五) 构建电子商务平台,拓展网络交易市场

在网络信息化的时代背景下,网上购物已普遍流行。对于虎丘婚纱产业而言,构建电子商务平台,拓展网络交易市场,也是大势所趋。虎丘婚纱城电子商务平台紧紧围绕"线上一站式"的宗旨,以婚纱礼服、摄影器材、婚庆百货为重点,以点带面,延伸到婚庆的整个产业链,同时以销售服务及整合资源为主,以产品售卖为辅,包括婚纱定制、婚纱租赁、本地婚车租赁、全国影楼婚纱直供、集体婚礼策划、团购等,全面整合婚纱城的各方优势资源。在这一平台

上,情景式购物、互动式线上体验成为一大亮点,除了基本的用料、身材数据及对应图片外,还能增加立体的简化型动态效果展示,模拟多主题、多情景的购物环境,提供从定制、试穿、购买到售后等一条龙的便捷服务。目前,虎丘婚纱城正在展开微网站建设,微网站上线后将实现各项功能全覆盖,通过手机服务终端浏览虎丘婚纱城内 3D 效果,全方位掌握项目建设进展和相关动态。同时,虎丘婚纱城还将借助非实时的电子邮件、新闻组和实时的讨论组来了解市场和商品信息,洽谈、交易事务,如有进一步的需求,利用网上的白板会议来交流即时的图形信息。虎丘婚纱城还将对网络平台进行专业化设计和制作,通过婚庆文化的电子杂志、设计师的品牌展示、情景式的网上购物、互动式的体验服务,以及功能齐全的物流配套、优质完备的销售服务,建立起服务快捷、功能强大的电子商务平台,从而拓展虎丘婚纱的产业发展渠道,扩大品牌影响力,并以优质的服务、完善的管理,将虎丘婚纱产业品牌进一步推向全国、推向世界。①

三、经验与启示

(一)发掘优势资源,进行合理规划

虎丘婚纱城位于苏州市姑苏区虎丘地区,南边紧邻沪宁城际铁路和城市高架,距离虎丘山风景名胜区仅 1 公里,地理位置十分优越。市区两级政府明确虎丘婚纱产业的区位优势,并给予强有力的政策支持。虎丘婚纱城的开发设计由专业商业公司倾力策划,力图充分发挥虎丘婚纱的产业优势,形成多方位的良好效应。可见,各类文化产业要想在所属领域实现突破性发展,必须明确自己的发展定位,充分发掘自身的优势资源,进行专业而全面的规划和设计,走出一条具有自身特色的新路子。

(二)立足主体产业,延伸产业链条

虎丘婚纱城是一个多功能购物中心,提供一站式婚庆服务。除了立足主体产业婚纱礼服之外,虎丘婚纱城还延伸产业链条,经营配饰首饰、摄影器材、影楼用品、婚礼百货、婚庆策划等相关产业,同时还筹办新品发布会、婚博会等专业展会,配备设计师工作室、人才培训学校、电子商务、物流快递等配套服务设施等,丰富了产业内容,扩大了产业规模。可见,一个产业要想做大做强,仅

---

① 电子商务助推婚纱产业发展[N].姑苏悦读,2014-1-1(02).

仅局限于当前的主体产业是不够的，还要将眼光放得长远，延伸产业链条，积极纳入相关产业，从而扩大产业规模，提升产业的综合实力。

（三）加强创新意识，注重人才培养

虎丘婚纱产业有着30多年的发展历程，之所以到今天依旧生生不息，甚至越发蓬勃，一个重要的原因就在于它始终强调创新意识，注重人才培养。在全新的虎丘婚纱城内，就设立了专门的设计研发工作室以及婚纱婚庆类学校等，提高从业人员的专业素养，培养设计师们的创新能力，目的是追求婚纱礼服的设计感和个性化，以满足消费者的心理需求。创新是产业的灵魂，人才是产业的支柱。离开了这两个元素，产业就等于无源之水，无本之木。因此，产业在发展过程中要始终把专业人才的培养放在至关重要的地位，加强产业的创新意识，提升产业的创新能力，只有这样才能更好地提升产业的竞争力。

（四）构建网络平台，开拓电子市场

在全新的时代背景下，任何产业的发展都和网络有着千丝万缕的联系。除了实体门店之外，虎丘婚纱城还在网络平台抢占先机，加强电子商务平台建设，推出情景式购物、互动式线上体验等吸人眼球的特色服务，从而利用网络平台进一步扩大了产业的市场面，提升了产业的影响力。在信息化浪潮中，产业要想不落后，或是更胜一筹，就必须在网络平台中抢占一席之地，加强网络技术开发，构建并完善电子商务平台，充分利用该平台展示产业自身的特色，扩大产业的覆盖面和影响力。

【思考题】

1. 虎丘婚纱城在由小作坊式经营转向产业集群式经营的过程中会面临怎样的挑战？
2. 结合实际谈谈电子商务平台对于当今文化产业发展的重要性。

案例二 苏州国家动画产业基地：动漫产业发展热土

一、基本情况

动漫产业是艺术审美与信息技术的结合，其核心是"创意"，通过动画、漫画等方式表现出来，并以动漫书籍、报刊、电视、电影、音像制品等载体进行传播，涉及动漫产品的开发、生产、出版、播出、演出和销售等环节，同时也包含了动漫人物形象的周边产品（电子游戏、服装、玩具）的生产与经营。在美国、日本等国家，动漫产业发展比较成熟，已形成了相对完整的产业链，而我国的动漫产业起步较晚。目前，现代动漫产业被誉为21世纪最有希望的朝阳产业，也是新兴文化产业的重要组成部分。苏州的动漫产业始于20世纪90年代，创办了亚洲最大规模的动画加工厂，主要从事国内外动画原片加工工作，如泰山动画、宏广动画、鸿扬卡通等主要从事对外加工业务的动漫企业，已具备动画制作全流程的加工能力，但是并没有涉及动漫产业的核心创作环节，原创能力较差。①

苏州历来非常注重培育和发展各类文化产业，把振兴动漫产业作为建设科技文化大市、率先构建和谐社会的重要举措。发展至今，苏州大市共有动漫企业60余家，成立了工业园区、昆山软件园和长桥三个国家、省、市级动漫产业基地。其中，苏州工业园区动漫产业园坐落于园区国际科技园中，地处苏州市工业园区中新合作区的西南角，南靠风景秀丽的独墅湖，北临宽敞开阔的金鸡湖大道，环境优美，交通便捷。在苏州市文广局和园区科技局、国际科技园的共同努力下，苏州国际科技园于2000年4月由苏州工业园区科技发展有限公司（苏州工业园区管委会直属企业）正式进行开发和管理，总体规划占地面积77公顷，总建筑面积逾150万平方米，总投资近70亿元。科技园致力于实现科技创新、知识创新，推动高科技产业发展，旨在扶持自主品牌高科技研发项目进区发展，提高园区科技发展成果的转化能力，形成高科技产业及人才集

---

① 陆勇，顾邦军. 苏州动漫产业发展的思考[J]. 今日科苑，2009(23):130.

聚效应,从而进一步增强园区的综合实力和国际竞争力。截至 2013 年年底,科技园内已有 1544 家注册企业,实际入驻办公 504 家,聚集了 32000 多名各类高科技人才。科技园中的苏州工业园区动漫产业园,占地约 1 万平方米,总建筑面积达 5.8 万平方米,拥有从事动漫产业相关人员上千人。① 2004 年,科技园企业销售总额超过 18 亿元,其中动漫企业的销售总额占了 5% 以上。2005 年,经国家广电总局批准,苏州工业园区动漫产业园以园区科技园为发展平台正式晋级为"国家动画产业基地",跻身为 15 个国家级动画产业基地之一。自被授予"国家动画产业基地"称号以来,苏州国际科技园借助其丰厚的文化资源条件、良好的人文环境和快速发展的高新技术产业,特别是 IT 行业的技术支撑,经过两年多的建设,其动漫产业链已初步建成,逐渐形成了一个适合动漫企业发展的环境,并呈现出良好的发展势头。② 与此同时,园内也涌现出了大批新兴动漫企业,例如天堂卡通、天瑞安鼎动画、欧瑞动漫、蜗牛电子、神游科技、士奥动画等,逐步形成了比较完整的动漫产品设计、制作、运营的产业链。数据显示,苏州国际科技园数码娱乐产业发展态势良好,2012 年,苏州国家动画产业基地全年原创动画产量排名全省第一,达 16945 分钟,增长 56%,动漫游戏全年产值达 5.17 亿元,同比增长 40%③;2013 年,苏州国家动画产地基地全年原创动画产量超过 11000 分钟,产量居全省前列,动漫游戏全年产值达 6.6 亿元,同比增长 28%。④

与此同时,苏州动漫产业逐渐得到了业界的认可,取得了令人瞩目的成绩。例如宏广动画(苏州)有限公司在 2005 年凭其创作并投资的动画电影大片《红孩儿大话火焰山》荣获了第 11 届电影华表奖优秀动画片奖项,并且在 2007 年被广电总局授予"江苏省原创影视动画生产示范单位"的称号;2008 年,汉文动画凭其《卡拉乐队》获得了广电总局年度少儿精品工程优秀动画片鼓励奖;士奥动画公司在 2008 年以其原创的三维动画片《诺诺森林》与加拿大发行公司进行签约,将苏州本土动漫打入国际市场,不仅在 2009 年与汉文动画《卡拉乐队》、天堂卡通《芦荡金箭》和《搜救犬阿虎》、国鸟文化《雪翎飘飘》

---

① 苏州工业园区动漫产业园晋级"国家队"[EB/OL],http://www.ce.cn/kfq/ckjgq/ckjgqyqdt/200507/26/t20050726_4273403.shtml.
② 苏州国家动画产业基地[EB/OL],http://www.jsgd.gov.cn/jsdh_sz.asp.
③ 苏州国家动画产业基地产量排名全省第一[EB/OL],http://www.cccnews.com.cn/2013/0124/22212.shtml.
④ 关于苏州国际科技园[EB/OL],http://www.sispark.com.cn/us/article.aspx?id=100003942.

一同获国家广电总局优秀动画片推荐,在2011年戛纳电视节亚洲动漫展映会上更是摘得了最佳作品奖。不仅如此,许多苏州本土原创动漫还在央视播出,如天堂卡通的《搜救犬阿虎》、欧瑞动漫的《欧力牛与迪瑞羊》、士奥动画的《诺诺森林》、天一动画的《智慧岛》和汉文动画的《卡拉乐队》等。①

由此可见,苏州国家动画产业基地逐渐形成了较为完整的动漫产业链,并且营造出了良好的动漫企业发展氛围,逐渐扩大苏州国家动画产业基地这个平台在国内外的辐射力和影响力,其发展前景值得期待。

二、具体做法

(一)构筑人才高地,提升创作能力

原创是动漫产业发展的灵魂,因此拥有创造力的人才基础成为提升动漫企业创造力的关键。苏州自古便是人才荟萃之地,目前苏州拥有高等院校6所,独立科研机构70所,周边地区也有百余所高校。政、企、校三方通力合作,培养人才。例如,苏州工业园区推行的"金鸡湖双百人才计划",苏州软件园推行的"高技能人才圆梦计划",2007年苏州国家动画产业基地启动了苏州动漫人才培养基地建设,配备了二维动画、影视特效、数字艺术、游戏开发等相关的专业培训教师和多功能培训教室,以培养动漫产业最需要的终端开发人才为目标,使学校的人才培养计划更符合企业的现实需求。这一系列举措都为动漫产业的发展提供了坚实的高质量人才资源保障。

(二)加强合作引进,搭建交流平台

在高质量创新人才保障的基础上,为促进动漫产业的发展,还可以通过引进专业人员,加强与知名、成熟的国内外动漫公司合作、经验交流,借鉴其成功之处,不断提升自己的创作能力。例如,园区金迪卡通与维珍动漫公司(全球最大的动漫公司之一)及"皮卡丘"之父久保雅一先生联手制作电影版《姑苏繁华图》和以此为主体的动漫游戏,并在2008年厦门国际动漫节"金海豚"动画作品大赛中荣获"最佳实验动画片奖";致力于原创动漫的苏州士奥动画特聘众多国内外著名专家学者参与公司发展战略规划和生产运营管理,《诺诺森林》就是由公司聘请的美国迪士尼动画电影制作公司高级专家范新林教授担任艺术顾问,对动画风格、艺术创作、配音配乐等环节进行指导与把关而制作

---

① 苏州国家动画产业基地[EB/OL],http://www.jsgd.gov.cn/jsdh_sz2.asp.

出来的。① 与此同时，苏州国家动画产业基地还积极组织动漫企业参加国内规模较大的动漫产业展会，如上海 China Joy、北京文化博览会、CCIF 中国卡通产业论坛、杭州中国国际动漫节、深圳文化博览会和常州动漫艺术周等。参加各大动漫展之余，苏州国家动画产业基地也自主筹备和举办了各大活动，如和 IDG（上海）公司联合主办的上海网游专委会沙龙活动、和新加坡 XML 跨媒体实验室共同举办的苏州动漫产业大会等。通过组织参与和举办一系列的交流活动，为基地内各动漫企业搭建了与各方面沟通交流的平台，在这些活动中，基地内企业可以与业内专业人士以及业内同行进行经验交流与学习，在不断学习的同时也得到展示自我的机会，从而促成一些项目的接洽与合作。

（三）政府鼎力相助，扶持动漫产业发展

苏州政府历来重视和鼓励发展文化产业，出台了一系列优惠政策来扶持动漫产业的发展，如《苏州市人民政府关于扶持动漫产业发展的政策意见》《苏州工业园区关于推进原创动漫、游戏产业发展的意见》《关于扶持苏州工业园区动漫产业发展的试行办法》等，这一系列的政策保障进一步加快了苏州动漫产业的发展进程。主要表现在以下几个方面：一是企业注册方面，放宽了登记冠名的条件；鼓励动漫企业规模化发展，开通办理集团登记通道；鼓励外地民营企业来园区投资兴办动漫企业等。二是税收方面，按照《财政部、国家税务总局关于贯彻落实〈中共中央、国务院关于加强技术创新，发展高科技，实现产业化的决定〉有关税收问题的通知》（财税字〔1999〕273 号）的有关规定，动漫企业从事技术转让、技术开发业务和与之相关的技术咨询、技术服务取得的收入可向税务部门备案后免征营业税；按照《财政部、国家税务总局关于苏州工业园区内资企业所得税优惠政策的通知》（财税〔2002〕74 号）的有关规定，对经省科技主管部门认定为省级高新技术企业的内资动漫企业减按 15% 的税率征收企业所得税；允许企业按当年实际发生的技术开发费用的 150% 抵扣当年应纳税所得额等。三是资金支持方面，园区设立了基金规模 1 亿元人民币的天使投资基金以鼓励苏州动漫产业发展，该项基金专门用于投资种子期的具有自主知识产权的动漫企业；采取播出补助政策，认定企业的原创动漫在中央电视台播出的奖励为 1500 元/分钟，在江苏省台播出的奖励为 800 元/分钟

---

① 苏州工业园区动漫产业蓄势待发［EB/OL］，http://www.sipac.gov.cn/sipnews/cydt/200807/t20080723_29248.htm.

(在多个台播出的以从高但不重复的原则给予奖励,原则上每个项目最高奖励100万元);积极支持符合条件的动漫企业在境内外上市,给予当年新上市公开发行股票的企业一次性奖励10万元等。四是在人才引进方面,对于动漫企业和教育培训机构急需和紧缺专业人才的引进,可适当放宽学历,并为其家庭落户苏州和子女入学提供便利;鼓励本地教育培训机构与国内外动漫教育机构开展联合办学,推动艺术教育资源与其他相关教育资源的整合等。① 有了政府的鼎力支持,苏州的动漫产业发展动力十足。

(四) 构建公共技术服务平台,为企业技术升级助力

动漫行业的发展不仅需要高质量创作型人才、必要的专业技术这些内在条件,动漫制作的硬件设备也是不可或缺的。为了满足园内动漫企业的共同需求,也考虑到动漫产业的长远发展,由苏州工业园区管委会投资,苏州市软件评测中心有限公司负责建设和运营的苏州工业园区动漫公共技术服务平台项目于2000年4月开始启动。平台按照整体规划,进行分期建设,首期平台于2008年6月完成并投入运营。目前,平台主要提供以下服务:动画渲染,渲染系统安装了3D MAX、Mental-ray、Maya等专业软件,提供Qube软件进行管理,并且辅以高容量的数据存储与高速网络;音频制作,配备专业的技术服务团队,按照5.1声道的影院播放标准搭建系统,提供配音、配乐、音效制作等方面的音频服务;视频后期,平台拥有专业的视频后期制作团队,能够为动漫和影视企业提供视频剪辑、合成、较色和特效等全方位的制作服务,并且视频处理系统由苹果机和专业图形工作站组成,支持2K高清格式;视频摄制,视频摄制中心拥有高清摄像机、摇臂、导轨和灯光等影视拍摄设备,提供达到高清数字标准的视频摄制服务,为企业提供视频素材采集托管、电视广告创意片、影视宣传片拍摄和设备租用等全方位解决方案;高清视频输出,平台不仅提供高端数字磁带录像机来满足企业高清影片出片的需求,并且提供各类高清、标清录像带的数据读取与转换等服务;Epic游戏引擎授权,平台成功引进了Epic游戏引擎,Epic是目前全球最顶尖的游戏引擎之一,苏州工业园区动漫公共技术服务平台是国内首家游戏引擎公共服务平台,提供Epic游戏引擎授权、技术培训和技术支持等服务。除此之外,平台还提供视频摄制、Autodesk软件授

---

① 关于扶持苏州工业园区动漫产业发展的试行办法[EB/OL],http://sme.sipac.gov.cn/Policy/PolicyDetail.aspx?ContentID=6206.

权、外包、对外合作等服务。①

为了进一步促进园内动漫企业原创能力的提升,以及根据平台发展的实际情况与专业技术提升的要求,平台将扩展增添更多服务内容,如动作捕捉平台、3G 内容管理与测试平台、3D 扫描仪与数字雕刻系统、影视特效平台等,以满足园内动漫企业未来发展的共同需求。

三、经验与启示

(一)注重引进企业,发挥产业集聚效应

产业集聚是指同一产业在空间上高度集中分布,产业资本要素在空间范围内不断汇聚的现象。产业集聚不单是一种地理经济现象,而且产业集聚带来的产业集聚效应能够通过明确企业分工与专业化、降低产品成本、带动相关配套辅助产业发展等,有效地促进区域经济增长。目前,苏州国家动画基地有从事动漫软件开发、二三维动漫制作、动漫产品设计、互动游戏产品开发、动漫游戏运营等高技术企业几十余家,从事动漫、游戏产业的研发、平台运行等专业技术人员上千人,已初步形成了高科技产业及专业人才的集聚效应,提高了苏州动漫产业的市场竞争力。因而,苏州工业园区国家科技园被誉为"科技企业孵化器",并被批准为"国家火炬计划软件产业基地"。苏州国家动画基地把握好时机,吸引更多国产原创优秀动漫游戏软件企业入园,进一步充分发挥产业集聚效应,将苏州国家动画基地打造为动漫产业发展的热土。

(二)明确目标市场,探索发展新模式

企业应当对目标市场有清晰的定位,目标市场就是企业期望并有能力占领和开拓的领域,并且该目标市场是能够为企业带来最佳营销机会与最大经济效益的,从而企业围绕该目标市场确定一系列的产品定位、企业发展模式、企业战略部署等,以相应的商品和服务来满足目标市场内的消费者群体。如苏州泰山动画有限公司成立于 2002 年 6 月,起初以外包加工制作动画为主,目前该公司探索出了"外包+原创"的新发展模式;苏州士奥动画制作有限公司坚持精品路线和国家化发展道路,其自主策划制作的原创动画《诺诺森林》不仅在国内多个频道播出,而且完成了 40 余个国家的海外发行,在英国广播公司 BBC 和澳大利亚国家电视台 ABC 及北美、欧洲、中东、东南亚等国家和地

---

① 苏州工业园区动漫游戏公共技术服务平台[EB/OL],http://www.sipdm.com/aboutUs.aspx.

区约 200 个电视台播出;苏州蜗牛数字科技股份有限公司数十年来坚持自主研发,始终在 3D 虚拟数字技术领域保持着世界领先地位,拥有多项 3D 虚拟数字技术自主知识产权,是目前中国最大的数字文化娱乐内容生产企业之一。

(三)加强知识产权保护,营造良好市场环境

知识产权保护是指依照国家法律,对符合条件的人类智力劳动产生的智力劳动成果进行依法保护,使著作者、发明者或成果拥有者在一定期限内享有的独占权利,一般包括版权(著作权)和工业产权。动漫产业有别于传统的以交换有形物质商品为特点的商品经济,动漫产业属于创意产业的范畴,并且获利主要就是靠知识产权,因此动漫产业运营的核心是知识产权,保护知识产权至关重要。对于原创动漫企业来说,原创动画、卡通形象等需要投入大量的人力、物力和时间,市场上盗版产品猖獗的现象,不仅侵害了原创公司的合法权益,而且使市场受到了限制。这将大大削弱动漫企业的创新动力,危及原创动漫企业的生存,使其无法盈利经营,甚至血本无归,由此形成恶性循环,不利于动漫产业的健康发展。因此,苏州市政府建立并完善了动漫产品创作、播出、出版以及销售整个过程的知识产权保护体系,严厉打击各种走私、侵权和盗版动漫产品的行为,为动漫产业发展保驾护航,营造了良好的市场环境。

【思考题】

1. 在动漫产业日益激烈的国际竞争大背景下,苏州国家动画产业基地的崛起有何重要意义?

2. 保护知识产权对于文化创意产业具有非常重要的意义,请结合实际谈谈在发展文化创意产业的过程中应该采取哪些有效措施来更好地保护文化产品的知识产权。

案例三　阳澄湖数字文化创意产业园：崛起数字文化产业新高地

一、基本情况

苏州阳澄湖数字文化创意产业园位于苏州市相城区京沪高铁新城东侧的太平街道，东临阳澄湖，北靠盛泽湖，西环生态园，南傍大学城，同时地处长江三角洲的中心地带，地理条件十分优越，自然环境非常优美，交通也非常便捷。整个园区的总规划面积约700亩，分为A、B、C三区进行建设，总投资约30亿元。A区的150亩主要是中小型企业的孵化器，其中的一期工程占地面积60亩，已投入使用；二期工程占地90亩，于2011年11月正式开工建设。B区是长江大都会园区，占地面积315亩，将打造园林式百亿级高端产业区。C区是龙头旗舰型企业区，占地面积200亩，建筑面积20万平方米。

阳澄湖数字文化创意产业园（以下简称"文创园"）由苏州市政府出资3亿元注册成立的苏州阳澄湖数字文化创意园投资有限公司投资建设，并于2011年6月经国家新闻出版总署批准成为"国家数字出版基地（苏州园区）"。文创园于2011年8月8日正式开园，成为江苏省"一基地四园区"中开园最早的园区。按照江苏省政府提出的"专、精、特"的数字出版样板园区的建设要求，阳澄湖数字文化创意产业园重点发展"3＋1"模式——电子图书、互动教育、游戏、电子商务和应用软件服务这四大块内容。自2011年8月开园以来，文创园吸引了大批数字文化企业前来，目前已有清华紫光、上海盛大网络、兴游科技、星云网络、江苏连邦、北京神话等多家数字文化创意企业注册入驻，产业集聚初具规模。以启动B区为契机，围绕"一年形成产业聚集，三年推进产业聚核，五年实现产业聚变"的发展目标，文创园着力打造"高铁新城·数字硅谷"的品牌效应，加快高铁新城"产城融合"的先行步伐，确保2015年总产值超100亿元，力争将文创园打造成为国家级数字出版产业的一流园区。文创园不仅是"文化苏州"的创意品牌，也是江苏省数字文化创意产业发展的亮点，势必崛起成为数字文化产业发展的新高地。

二、具体做法

（一）瞄准"3+1"发展方向，重点发展游戏产业

在"专、精、特"的发展要求指导下，文创园遵循"3+1"的发展模式，即主要发展电子图书、互动教育、游戏、电子商务和应用软件服务四大项内容。其中，重点发展游戏产业，力争在几年内能坐上全国游戏业第二或第三的位置。在入驻的众多游戏类企业中，盛大游戏、清华紫光、星云网络、晨佰网络和兴游科技等公司的发展尤为突出。清华紫光于 2012 年 5 月入驻文创园，入驻后更名为"紫光数码苏州集团"。紫光数码苏州集团以"品牌、资源、资金"为发展支点，以"简洁、高效、健康"为管理思想，业务领域广泛覆盖信息产业的主流方向，形成三大业务群组——品牌产品群组、技术应用群组、渠道增值分销群组，突出五大板块业务——信息产品、软件集成、数码分销、通讯科技和智能交通。2011 年 9 月入驻的苏州星云网络科技有限公司，主攻拥有文化背景的角色扮演类游戏和动漫卡通养成类游戏。它主要以图形图像人工智能等高新科技为基础，致力于以新媒体传播民族文化，并以高科技应用于 3D 网游，另外还涉足文化旅游等领域。目前，该公司已获得国家新闻出版总署颁发的互联网出版许可证等多项资质，拥有多项知识产权。① 除此之外，苏州晨佰网络有限公司于 2012 年 2 月入驻，入驻园区不到半年产值就达到 6000 万元；苏州兴游科技有限公司则主要负责游戏出口和游戏研发，努力将 WSGAME 网络平台打造成中国创造的最优秀海外网页游戏运营平台，从而打开自主创新的全球化发展的新路径；苏州天众网络有限公司则重点打造国际化的网游平台，坚持生产丰富多样的高质量产品，向用户提供基于 PC 客户端、浏览器和智能移动终端等多种平台的大型网络游戏产品。为了推动游戏产业的进一步发展，文创园积极响应文化部启动的"中国原创动漫游戏海外推广计划"，成立了游戏国外推广服务平台，支持和鼓励更多优秀的游戏企业积极拓展海外市场，实现国内游戏产品与国际游戏产品的接轨，从而推动我国整个游戏产业的不断发展壮大。

（二）加强校企合作，完善服务平台

为了培养和引进专业的创意类人才，文创园切实加强与各大高校的合作，

---

① 一个国家级产业基地这样"炼"成[EB/OL]，http://www.cnssz.com/201208xcszwhcyy/pic-news.asp?newsid=384.

常熟理工学院、苏州科技大学、苏州职业技术学院等各大高校相继在文创园内设立了实习就业基地,南京师范大学还特别在院内设立了研究中心和实训基地,并成立了南师大苏州文化产业研究院有限公司。该公司由南京师范大学与苏州高铁新城管委会共同出资建立,进一步加强了南师大与文创园的产学合作,为园区引进了大量创新类人才。为了配合校企合作、产学合作,园区全面完善各类服务平台,努力为产业的发展营造一个良好的环境。其中,文创园的 A 区推出的中小型企业孵化器,就是为了吸引大学生来此创业。另外,园区还成立了苏州市首家版权工作站、苏州阳澄湖数字文化创意产业园创业孵化基地;建立了荻溪文化创意产业投资中心平台;注册成立了苏州阳澄湖网络科技有限公司暨游戏运营公共服务平台;与苏州市知识产权局合办首家版权工作站,进行知识产权评估;专门成立了一个拥有 1.5 亿元的产业基金,用来扶持园内中小企业,等等。同时,文创园加大与新闻出版业、各类高等院校、金融机构及相关企业的深度合作,为其提供"专家式、保姆式服务"。除此之外,各级政府给予的产业发展政策也为文创园的发展提供了坚实的政策保障,特别是园区制订的《苏州阳澄湖数字文化创意产业园优惠政策实施办法》,全面提供资金配套、人才公寓、税收优惠及租金减免政策,从而吸引了大量企业、人才来到园区一展宏图。[①]

(三) 发挥龙头企业的引领作用,加强产业间的交流与合作

为了建成国家级数字出版产业的一流示范园区以及高科技人才和高科技企业的集聚地,文创园努力打造数字文化创意产业中的龙头企业,力图以龙头企业引领整个产业的聚变。例如,苏州盛游科技网络有限公司重点利用盛大游戏国内领先的网络游戏开发平台优势,主要经营游戏开发、运营等项目;江苏凤凰出版传媒股份有限公司重点通过企业内生发展、横向联合、对外投资等多种方式发展游戏出版与运营、数字化教育服务、数字化大众阅读等数字出版业务,努力打造凤凰传媒苏州数字产业基地;苏州米粒影视文化传播有限公司重点运用从编剧、导演、制作到市场推广、院线发行等基本完整的影视运营体系,努力打造新媒体时代的娱乐集团。[②] 另外,园区还尤其注重产业之间的交

[①] 苏州阳澄湖数字文化创意产业园:2015 年产值超 100 亿[EB/OL], http://www.cnssz.com/201208xcszwhcyy/picnews.asp? newsid = 386.

[②] 苏州阳澄湖数字文化创意产业园:2015 年产值超 100 亿[EB/OL], http://www.cnssz.com/201208xcszwhcyy/picnews.asp? newsid = 386.

流和合作,实现产业的跨界发展。如盛大游戏公司和米粒影视文化传播有限公司共同出品的中国首部网游大电影——《龙之谷之黑龙崛起》,将动漫游戏搬上了电影荧幕。为了使该电影效果达到国际化水准,制作方特别邀请了曾参与制作《怪物史莱克》的好莱坞知名编剧 Terry lzumi 亲自担任编剧及监制,并由多次获得海内外 CG 动画大奖的新锐导演宋岳峰执导,最后呈现的完美效果令人惊叹。《龙之谷之黑龙崛起》作为首部网游大电影,是盛大游戏公司迈出跨界的第一步,也是游戏产业和电影产业完美合作的产物。

(四)加强政府扶持力度,全面实行优惠政策

文创园的发展离不开政府政策的大力支持。为促进产业园的进一步发展,苏州市政府颁布了一系列优惠政策。2011 年 7 月,苏州市相城区政府颁布了《相城区文化产业发展引导资金管理办法》,指出文化产业发展引导资金管理和使用须遵循"公开公正、择优扶持、突出重点、注重实效、拉动投资"的原则,引导资金由区文体局和财政局共同管理,并明确了引导资金的使用范围,规范了文化产业发展的引导资金管理方式;2011 年 11 月又陆续出台了一系列园区发展优惠政策,涉及很多方面,譬如扶持范围和对象、办公场所租金扶持政策、人才引进政策、投融资政策、财税扶持政策及其他配套扶持政策等;2013 年 2 月,苏州市出台《关于促进电子商务发展的若干政策意见》,提出了关于促进电子商务的广泛使用,促进基础支撑和服务平台建设,促进产业集聚发展,引进和培育龙头型企业,支持鼓励企业创新发展的若干细则,进一步优化了全市的电子商务发展环境,大力推动了电子商务产业的发展。这一系列优惠政策都为文创园的发展提供了强有力的政策支持和坚实的制度保障,并为产业的健康发展营造了良好的环境。

三、经验与启示

(一)找准发展模式,突出发展重点

企业要想发展必须有准确的定位,找准了发展方向和重点,才能一步步实现企业的发展目标。文创园基于江苏省政府提出的建设"专、精、特"的数字出版样本园区的要求,结合自身的发展目标,重点发展游戏、电子图书、互动教育、电子商务和应用软件服务四大版块,其中游戏是发展的重中之重。找准了发展重点,文创园就像是疾驰在跑道上即将起航的飞机,迎接它的必将是美好的未来。目前,文创园已有几十家企业成功入驻,数字文化产业聚集已初具

雏形。

（二）注重人才培养，汇聚优势资源

文创园拥有的自然环境、文化底蕴、区位交通、配套服务等方面的优势不言而喻，在此基础上，文创园汇聚多方优势资源，凝聚形成综合优势，使文创园的发展动力十足。（1）创意企业聚集。文创园自开园以来，已有星云科技、盛游网络、兴游科技等36家数字文化创意企业竞相入驻，随着文创园的建设发展，还会有更多的企业相继入驻，为文创园的发展注入源源不断的活力。（2）专业人才聚集。文创园实施人才引进计划，加强了与苏州高校的合作，苏州科技大学、苏州职业技术学院、常熟理工学院等知名高校相继在园设立实习就业基地，南京师范大学等还在园内设立研究中心或实训基地。（3）产业政策聚集。各级政府给予的产业政策为文创园的发展构建起了比较完整的政策框架，特别是园区制订的《苏州阳澄湖数字文化创意产业园优惠政策实施办法》，全面提供资金配套、人才公寓、税收优惠及租金减免政策。（4）服务平台聚集。成立苏州市首家版权工作站，建造苏州阳澄湖数字文化创意产业园创业孵化基地，建立荻溪文化创意产业投资中心平台，注册苏州阳澄湖网络科技有限公司暨游戏运营公共服务平台，成立1.5亿元发展基金，专门扶持园内中小游戏企业。①

（三）打造龙头企业，实现跨界合作

从文创园的目标定位、发展模式和现状可以看出，文创园的发展必将是优势聚集、重点突出、龙头引领的优秀文化创意产业。它聚集各方面资源，充分发挥企业、人才、产业政策、服务平台的优势，在与各大企业合作的同时，积极推进跨界合作，还着力打造龙头企业，发挥龙头企业的引领作用。时至今日，文创园与新闻出版单位、金融机构、高等院校之间的合作已经不胜枚举。这些做法无疑是卓有成效的，它促使文创园AB两区加快形成了3~4个以15家左右集团企业为龙头、以一批中小企业为基础、以一批孵化器企业为发展储备的产业基础坚实的产业集聚区，并形成了完整的数字文化创意产业链。

---

① 苏州阳澄湖数字文化创意产业园：2015年产值超100亿［EB/OL］，http://www.cnssz.com/201208xcszwhcyy/picnews.asp? newsid=386.

【思考题】

1. 请谈谈阳澄湖数字文化创意产业园在人才培养方面的成功经验。

2. 结合实际谈谈在发展文化创意产业时，如何更好地将苏州文化元素融入文化作品，实现文化与产业的共同繁荣。

后　记

吴文化是中华民族传统文化的瑰宝,同时也是吴地先民留给苏州的宝贵财富。探析吴文化与苏州文化产业发展之间的内在联系,汲取吴文化精髓以拓展苏州文化产业的发展之路是开辟苏州文化产业发展新路径的理性选择,也是推动苏州经济社会进一步繁荣发展的必然要求。本书结合苏州文化产业发展的具体实践,总结苏州文化产业充分利用吴文化要素促进自身发展的成功经验,揭示发展过程中面临的困难与挑战,展望在吴文化精神引领下苏州文化产业发展的美好愿景。

苏州自古以来就是吴文化传承和发展的中心区域,苏州的文化产业始终浸润着吴文化的精华,其发展创新模式体现了鲜明的苏州特色。因此,各地在发展文化产业时要杜绝"拿来主义",深刻剖析自身的区域优势,根据自己的社会条件、经济条件及文化条件因地制宜地开展实践探索,寻找真正契合自身实际状况的发展模式。

本书是苏州干部学院与苏州大学共同合作的成果,由苏州干部学院张伟任主编,苏州大学朱蓉蓉任副主编,杨菁、周琴、赵利芳参与编写,朱蓉蓉统稿,卢琳校对。本书在编写过程中引用了一些数据和文献资料,在此对相关单位和作者表示衷心的感谢!

编　者
2016 年 5 月于苏州

图书在版编目(CIP)数据

吴文化与苏州文化产业发展的实践和探索/张伟主编. —苏州：苏州大学出版社，2016.8
基层干部培训系列教材
ISBN 978-7-5672-1705-8

Ⅰ.①吴… Ⅱ.①张… Ⅲ.①吴文化—影响—文化产业—产业发展—苏州—干部培训—教材 Ⅳ.①G127.533

中国版本图书馆 CIP 数据核字(2016)第 203378 号

吴文化与苏州文化产业发展的实践和探索
张　伟　主编
责任编辑　史创新

苏州大学出版社出版发行
(地址：苏州市十梓街1号　邮编：215006)
苏州恒久印务有限公司印装
(地址：苏州市友新路28号东侧　邮编：215128)

开本 700×1000　1/16　印张 11.5　字数 211 千
2016 年 8 月第 1 版　2016 年 8 月第 1 次印刷
ISBN 978-7-5672-1705-8　定价：40.00 元

苏州大学版图书若有印装错误，本社负责调换
苏州大学出版社营销部　电话：0512-65225020
苏州大学出版社网址 http://www.sudapress.com